AF224016

MADAME

DE MONTMORENCY

— MARIE-FÉLICIE DES-URSINS —

PAR

Le comte de BAILLON

PARIS

LIBRAIRIE ACADÉMIQUE

DIDIER ET Cie, LIBRAIRES-ÉDITEURS

QUAI DES AUGUSTINS, 35

MADAME

DE MONTMORENCY

MADAME
DE MONTMORENCY

— MARIE-FÉLICIE DES URSINS —

PAR

Le comte de BAILLON

PARIS

LIBRAIRIE ACADÉMIQUE

DIDIER ET Cie, LIBRAIRES-ÉDITEURS

QUAI DES AUGUSTINS, 35

—

1880

AVANT-PROPOS

Au début et vers la moitié du dix-septième siècle, la ville de Moulins a eu le rare
privilège d'offrir un suprême asile à trois
femmes illustres entre toutes, à différents
titres, qui avaient consacré à Dieu une douleur, inconsolable sans le secours d'en haut.
Toutes trois, elles avaient connu le monde,
ses joies et ses grandeurs ; toutes trois,
jeunes encore, avaient été violemment sé
parées d'un époux qu'elles aimaient avec
passion : l'une, par le couteau d'un assassin ;
l'autre, par la balle imprudente d'un chas-

seur; la troisième, par le glaive du bour-
reau.

La première, une reine de France, Louise
de Lorraine Vaudemont, du cœur de laquelle rien n'avait pu arracher l'image de
son mari Henri III, et qui a laissé à Che-
nonceaux tant de marques si touchantes de
ses éternels regrets, s'éteignait au château
de Moulins, dans le mois de février 1601,
avec cette pieuse résignation dont toute
son existence avait porté l'empreinte [1].

La seconde, une grande sainte, Jeanne
Frémyot, baronne de Rabutin Chantal, l'a-
mie et la fille spirituelle de saint François
de Sales, la fondatrice vénérée de l'ordre de
la Visitation, quittait au couvent de Moulins
la terre pour le ciel, le 13 décembre 1641 [2].

1. Nous nous proposons, dans une nouvelle étude
consacrée à cette princesse, de raconter les péripéties
émouvantes, qui troublèrent si profondément sa vie.

2. La mort prématurée de son époux n'avait pas été
le seul malheur de famille, qui eût atteint cette pieuse
et vénérable femme. Son fils le baron de Chantal, père

La troisième, dont nous nous occuperons spécialement ici, Marie-Félicie des Ursins, duchesse de Montmorency, arrachée comme par la foudre des bras de son époux, en pleine jeunesse et en plein bonheur, n'avait eu dans sa vie qu'un seul amour, partagé en deux jusqu'à ce que Dieu se le fût réservé tout entier. L'art a immortalisé les regrets de Mme de Montmorency; ses malheurs et ses vertus nous avaient été racontés, mais, si elle ne nous était pas inconnue, il n'en appartenait pas moins à son dernier bio-graphe[1] d'éclairer d'une lumière nouvelle les événements de cette vie cruellement éprouvée, et de nous faire pénétrer plus avant dans l'âme si croyante et si pure de la noble dame. Pour y réussir, les archives

de Mme de Sévigné, avait été tué fort jeune, en 1627, au siège de la Rochelle.

1. Mgr Fliche, *Mémoires sur la vie, les malheurs, les vertus de très haute et très illustre princesse Marie-Félicie des Ursins, duchesse de Montmorency*, 2 vol. in-8, 1877. Oudin.

du monastère de Moulins, précieux héritage que possède aujourd'hui le couvent de la Visitation de Nevers, lui ont fourni les témoignages les plus complets et les plus authentiques, qui nous permettent désormais d'apprécier Mme de Montmorency en toute connaissance de cause.

C'est après avoir lu ces récits étendus, écrits avec une parfaite compétence, surtout au point de vue religieux, que la pensée nous est venue de résumer dans une courte étude, plus humaine peut-être d'un certain côté, ces nouvelles informations, en y joignant celles qu'avaient déjà réunies nos devanciers ou qu'on trouve encore éparses dans des recueils contemporains de notre héroïne. Nous présentons ici aux lecteurs le résultat de ce travail; puisse-t-il ne pas leur paraître trop indigne de son sujet et de l'intérêt historique qu'il comporte !

MADAME

DE MONTMORENCY

I

Enfance de Marie-Félicie. — Sa famille.

Marie-Félicie, la future duchesse de Montmorency, était née à Rome le 11 novembre 1600; elle appartenait à l'illustre maison des Orsini ou des Ursins, dont le nom ainsi francisé devait recevoir d'une femme [1] un nouvel éclat au commencement

1. Anne Marie de la Trémoille, princesse des Ursins, née en 1643. Veuve en premières noces du prince de Chalais, elle s'était remariée à Rome avec le duc de Bracciano, qu'elle perdit en 1675. Devenue camérera-mayor de la première femme de Philippe V, roi d'Espagne, en 1701, elle joua le rôle le plus actif dans les

du dix-huitième siècle. Son père était Virginio Orsini, duc de Bracciano, l'un des plus excellents esprits de son temps ; il avait été général des galères de Toscane et s'était signalé dans de nombreuses expéditions contre les Turcs. On assure même qu'ayant fait une descente dans l'île de Chio, il en ramena cinq mille esclaves chrétiens, en même temps que leurs maîtres devenus ses prisonniers. Établi ensuite à Rome, il avait épousé la nièce de Sixte V, Fulvia Perretti, qui passait pour l'une des plus belles femmes de son époque : de ce mariage étaient nés sept fils et trois filles ; Marie-Félicie était la dernière. Son grand-père, Paul Orsini, que le pape Paul IV avait nommé en 1555 commandant général de l'infanterie pontificale, et qui fut l'un des héros de Lépante, avait

événements politiques d'alors, tant à Madrid qu'à Paris. Ce fut elle qui, après la mort de la reine Marie-Louise de Savoie, donna pour épouse à Philippe V Élisabeth Farnèse ; mais tombée en disgrâce, elle mourut à Rome en 1722.

eu pour épouse Élisabeth de Médicis, fille du grand-duc Cosme Ier, et tante de la reine de France, Marie de Médicis, ce qui créa entre la jeune Italienne et le roi Louis XIII des liens étroits de parenté.

Peu de jours après sa naissance, elle fut baptisée dans la basilique de Saint-Pierre : Marie de Médicis, qui avait accepté d'être sa marraine, y était représentée par la duchesse de Mantoue. L'enfant fut appelée Marie, d'après le nom de la reine, et Félicie en mémoire de son grand-oncle, le pape Sixte V (Félix Perretti). Dès sa plus tendre enfance, elle laissa voir en germe toutes les vertus, qui devaient plus tard se développer en elle à un si haut degré ; elle était plus douce, plus charitable, d'un caractère plus égal que la plupart des enfants de son âge ; lorsque, portée dans les bras de ses femmes, on la menait à l'église, il fallait toujours s'arrêter sous le porche, pour lui permettre de faire l'aumône aux pauvres qui s'y ras-

semblaient. Aussi était-elle la bien-aimée
de toute sa famille, et quand, à l'âge de
quatre ans, sa tante, la grande-duchesse
de Toscane, Catherine de Lorraine, épouse
de Ferdinand Ier, eut fait savoir au duc de
Bracciano qu'elle désirait avoir à sa cour
Marie-Félicie, afin de la faire élever sous
ses yeux, ce fut pour son père un vrai dé-
chirement de cœur. Il ne crut pas cependant devoir résister à cette volonté quasi
royale, et l'enfant fut accueillie au palais
Pitti avec une affection toute particulière.
Elle y resta un an, après lequel la grande-
duchesse, voulant lui faire donner une éducation solide et religieuse, la plaça au couvent des Bénédictines de Florence, fondé
par son mari pour y faire élever les filles
nobles du pays.

La mère Malaspina, supérieure du monastère, fut bientôt frappée des heureuses
dispositions de l'enfant qui lui avait été
confiée : elle ne pouvait s'empêcher d'ad-

mirer la ferveur précoce de sa piété, sa
soumission, sa profonde horreur pour le
mensonge et même pour ce qui n'était
pas exactement la vérité. Marie-Félicie ne
supportait pas qu'on lui racontât ces his-
toires fantastiques par lesquelles on cher-
che à amuser les enfants ; lorsqu'elle entendait le récit de quelque fait étrange :
« Est-ce vrai ? s'écriait-elle, sinon qu'on ne
m'en parle pas ! »

Bientôt un grand chagrin vint éprouver
son cœur ; sa mère, la duchesse de Bracciano, mourut, jeune encore, à la suite d'une
courte maladie : elle en fut profondément
touchée et l'on ne put parvenir à calmer
ses pleurs qu'en plaçant dans sa chambre
un tableau représentant les saints dans la
gloire du paradis : « C'est là, lui dit-on,
qu'est maintenant votre mère ; ne regrettez
pas son bonheur. » L'enfant fit une prière
et se résigna.

A l'âge de huit ans, Marie-Félicie fut atteinte de la petite vérole, suivie d'un état léthargique qui mit ses jours en danger. Des remèdes violents furent employés pour la rappeler à la vie ; mais, quand la crise fut passée, il lui resta pendant un an une sorte de paralysie, qui, en l'empêchant de marcher, la clouait presque continuellement sur son lit. Malgré l'acuité de ses douleurs, on ne l'entendit jamais pousser un cri d'impatience ; sa bonne humeur et son courage ne se démentirent pas un seul instant. Elle venait d'avoir neuf ans lorsqu'on lui fit faire sa première communion, et sa ferveur s'en accrut à ce point que, pendant deux années, comme par une sorte d'intuition de l'avenir, l'idée d'embrasser la vie religieuse se présentait sans cesse à son esprit : « Je crois, disait-elle plus tard dans son veuvage, que j'aurais pu mener à bien sur l'heure même ce dessein bien arrêté dans mon cœur, si l'on m'y eût autorisée. Mon cœur était prêt parce qu'il était pur, et la moindre idée du vice m'était absolument inconnue, tant Notre-Seigneur avait été mon protecteur et mon gardien ! » Mais combien de jours de bonheur, d'orages et d'infortunes la séparaient encore de ce port de salut, rêvé par elle dès ses premiers pas dans la vie !

II

Son mariage avec Henri de Montmorency.

Quelques années se passèrent ainsi pour
Marie-Félicie, au couvent de Florence : ses
deux sœurs aînées s'étaient mariées, l'une
avec le duc de Guastalla, l'autre avec le
prince Borghèse ; mais la reine Marie de
Médicis, devenue veuve et régente de
France, n'avait pas perdu de vue sa jeune
filleule. On lui vantait ses grâces, ses
vertus naissantes, son intelligence précoce ;
elle résolut de l'attirer à sa cour et de l'y
fixer par une brillante alliance. Un jour le
duc de Bracciano vint à Florence trouver sa
fille et lui faire part du désir exprimé par la
reine ; il s'agissait pour elle de quitter dans
quelques mois son pays natal et de faire

route vers Paris : car le moyen de se refuser
aux faveurs de sa royale marraine ? Marie-
Félicie, étourdie par ce coup inattendu,
n'eut pas d'abord la force de répondre à son
père : abandonner cette maison si paisible
et si recueillie, où elle avait voulu se consacrer exclusivement à Dieu, se séparer, sans
doute pour toujours, de sa famille, de ses
jeunes amies et de celles qui avaient veillé
sur elle avec tant de sollicitude, pour s'en
aller seule affronter les chances incertaines
de l'avenir dans une cour étrangère, jouer un
rôle si nouveau pour elle sur ce théâtre
plein d'éclat, d'intrigues et d'embûches de
toute sorte, il y avait bien là de quoi lui
inspirer une véritable terreur. Cependant
le duc, quoiqu'il partageât son anxiété, lui
fit comprendre qu'il fallait obéir, et la jeune
princesse dut se résigner à ce qu'elle considérait alors comme le plus grand des sacrifices. Les derniers temps de son séjour à
Florence se partagèrent entre les exercices

de piété et l'étude de la langue française,
si nécessaire à sa nouvelle existence. Ayant
alors atteint sa quatorzième année, elle
était « aimable et bonne, digne, grave, réfléchie, comme si elle eût été en possession
de l'âge mûr ».

Lorsque Marie de Médicis s'était décidée
à chercher à la cour de France un mari pour
sa jeune nièce, elle avait jeté les yeux sur
Henri II, duc de Montmorency, fils du connétable et de sa seconde femme Louise de
Budos, de la maison de Portes [1] : c'était,
après les princes du sang, le plus brillant
parti de France. Il avait déjà été marié, dès
l'âge de treize ans, à Jeanne de Scépeaulx,
fille unique du comte de Chemillé et fort
riche héritière [2] ; mais cette affaire ayant été

1. Sa première femme avait été Antoinette de la
Marck, fille de Robert, duc de Bouillon, dont il avait
eu deux filles : Mme de Ventadour et la duchesse d'Angoulême.

2. « L'on m'a dit, écrivait Malherbe, le 2 février 1610,
qu'on luy offre de luy faire valoir son bien sept cens
mille écus. »

conclue sans l'assentiment du roi, parrain du
nouvel époux, Henri IV témoigna au connétable que ce mariage lui déplaisait et il en
ordonna la dissolution qui fut prononcée,
sans aucune cérémonie, dans l'église des
Jésuites à Paris, sous prétexte que l'une des
parties, c'est-à-dire le mari, n'était pas
encore en l'âge de le consommer. Le jeune
duc était donc redevenu libre, et le roi en
avait profité pour le fiancer à sa propre
fille naturelle, Mlle de Vendôme ; mais la mort
de Henri IV vint rompre ce projet d'union.
C'est alors que la reine régente, utilisant
cette liberté conjugale deux fois reconquise,
destina dans sa pensée le duc de Montmorency à sa jeune parente, et le connétable,
qui avait déjà marié sa fille, la belle Char-
lotte-Marguerite, au prince de Condé, s'empressa d'accepter une alliance qui le ratta-
chait de plus près encore à la maison royale
de France.

Henri de Montmorency n'avait pas encore

vingt ans à l'époque dont nous parlons (1614) :
il était né au mois d'avril 1595 ; mais, déjà
pourvu de la charge d'amiral de France, il
avait fait preuve à la guerre de la plus brillante valeur. C'était un seigneur de haute
mine, avec de beaux traits, quoiqu'il eût les
yeux un peu égarés ; ses portraits lui donnent la taille et la tournure d'un héros[1] ;
adroit à tous les exercices du corps, il dansait bien, était merveilleusement à cheval
et avait en tout la meilleure grâce du
monde. Il était d'ailleurs brave, galant, li-
béral, aimé et considéré de tous : son
instruction dépassait celle de la plupart des
jeunes gentilshommes de son âge, car le
connétable, « qui n'avoit lu autre livre que
celui du monde, ni formé sa morale que sur
l'expérience de la cour[2] », n'avait pas voulu
priver son fils des connaissances littéraires
qui lui avaient toujours fait défaut. Absorbé

1. V. Cousin, *Madame de Sablé*, p. 26.
2. Simon du Cros, *Vie du duc de Montmorency*, p. 1.

par les affaires de son gouvernement du
Languedoc, il le laissait, dans ses châteaux
de Chantilly et de Merlou, livré entièrement
à la tutelle sévère du sieur du Travet, son
gouverneur, qui lui imposait une discipline
studieuse et rigide, en lui refusant même
les moyens de satisfaire cette générosité
qui était le propre de son caractère. Cela
pourtant ne l'empêchait pas toujours de s'y
livrer : on raconte, en effet, qu'ayant appris un jour qu'un de ses gentilshommes
manquait de l'argent nécessaire pour conclure une affaire avantageuse, il le pressa
en secret d'accepter une enseigne de pierreries qu'il dut feindre d'avoir perdue, au
risque d'être maltraité par son gouverneur [1].
Tel était l'époux que Marie de Médicis se
proposait de donner à sa filleule : on voit
qu'il n'était pas indigne d'une pareille faveur. Il ne restait donc plus qu'à arrêter avec
le père de la jeune princesse les articles du

1. S. du Cros, p. 9.

contrat, et François Jouvenel des Ursins, marquis de Traisnel, fut dépêché à Rome, pour s'entendre à cet égard avec le duc de Bracciano ; la reine donnait de son argent à sa nièce une dot de trois cent mille livres. On fut bientôt d'accord et les clauses du mariage ayant été envoyées à Paris, elles furent rédigées et signées au Louvre, le 25 novembre 1611, par le roi Louis XIII et par la reine régente [1].

La mission du marquis de Traisnel ne devait pas se borner là : il était aussi chargé d'épouser par procuration, au nom de Henri II de Montmorency, la jeune et charmante fille des Orsini, et sa femme, qui l'avait accompagné dans ce voyage, devait la ramener, sous sa tutelle, à la cour de France. Marie-Félicie avait déjà quitté le couvent, pour s'installer au palais du grand-duc Cosme II [2], où elle attendait, le cœur

---

1. Bassompierre, *Mémoires*, t. Ier, p. 366. Édit. de 1723.
2. Il avait succédé à son père Ferdinand en 1609.

profondément ému, le grand événement qui allait changer d'une manière si complète la destinée rêvée par elle jusque-là. Toute sa famille arriva bientôt de Rome à Florence, avec l'envoyé français; les frères et les sœurs de la jeune fiancée ne savaient comment lui témoigner leur affection pleine de regrets, car s'ils étaient fiers de l'honneur fait par la reine à leur maison, ils ne pouvaient prendre leur parti d'une séparation qui allait les priver d'elle, peut-être pour toujours.

Le mariage fut célébré avec une pompe extraordinaire dans la chapelle du palais Pitti, au milieu de ces chefs-d'œuvre de tous les arts, qui forment encore une brillante auréole autour du nom des Médicis : la nouvelle mariée fut comblée de présents, mais ceux de la grande-duchesse surpassèrent tous les autres en magnificence. Le moment du départ était arrivé; le duc de Bracciano, déjà souffrant de cette maladie

qui devait l'emporter prématurément, se
sentit trop faible contre la douleur des
adieux et se déroba par la fuite aux larmes
et aux embrassements de cette fille chérie,
qui lui ressemblait par les traits du visage
autant que par les qualités de l'esprit. N'a-
vait-il pas dit au marquis de Traisnel en lui
remettant le portrait de Marie-Félicie, destiné au duc de Montmorency : « Je n'aurais
pas permis au peintre d'ajouter rien à la
nature, s'il eût voulu la corriger ou l'em-
bellir ; mais je vous assure que, s'il s'agissait
d'envoyer un vrai crayon de ma fille, je la
ferais sans défaut, ne lui en ayant jamais
connu[1]. »

L'embarquement eut lieu sur les galères
royales de France, au milieu de décembre 1612, à Livourne, où la jeune princesse
avait été accompagnée par ses frères Paul
Giordano et Ferdinand : en s'arrachant de
leurs bras, Marie-Félicie dut se faire vio-

1. A. Renée, *la Duchesse de Montmorency*, p. 4.

lence pour réprimer ses sanglots, mais sa poitrine en était si gonflée, que les rubans de son corsage se rompirent et qu'elle resta longtemps inanimée. Dès que les navires eurent pris la mer, ce fut le tour de la marquise de Traisnel de la combler d'attentions et de soins, tout en lui représentant les mérites de l'époux qui lui était destiné, et lorsque le vaisseau qui les portait arriva en vue des côtes de France, le cœur de la jeune fille avait déjà commencé à se rasséréner.

A peine débarquée à Marseille, elle n'eut rien de plus pressé que de se rendre à la Sainte-Baume, pour y vénérer la tombe de Marie-Madeleine ; elle pria longtemps devant les reliques de cette illustre servante de Jésus-Christ, et ce sanctuaire, le premier qu'elle eût rencontré sur la terre de France, devint dès lors son pèlerinage de prédilection. Le connétable de Montmorency, averti de son arrivée, était venu du Languedoc au-devant d'elle, malgré son grand âge, jusqu'à

Avignon. Surpris et touché de la grâce, de la noble simplicité, de l'intelligence de sa jeune belle-fille, le vieux compagnon de Henri IV ne pouvait se lasser de la voir ni de l'entendre, et, en partant pour aller rejoindre son fils qui était resté dans sa province, il ne se cachait pas de dire au marquis de Traisnel que Henri de Montmorency serait l'époux le plus favorisé de tout le royaume.

Malgré la diligence que firent le père et le fils, Marie-Félicie arriva avant eux à Paris. Le jour où ils étaient attendus, le roi Louis XIII, alors âgé de treize ans, l'avait attirée vers une fenêtre du Louvre, d'où l'on pouvait voir sans être vu. Bientôt une grande rumeur s'éleva dans la cour du palais : c'était le duc de Montmorency qui faisait son entrée à cheval, escorté de cent gentilshommes, la fleur de la noblesse du Languedoc, tous magnifiquement armés et montés. Il mit pied à terre, son visage était rayonnant; conduit aussitôt dans les appartements royaux, on l'amena devant sa nouvelle épouse : « Voilà ma cousine, lui dit le roi, et je crois que le choix que nous avons fait ne vous déplaira pas. Vous êtes agréable et beau : elle n'est pas moins belle; vous en serez fier. » La reine mère ajouta : « Je vous la donne comme réunissant en sa personne le mérite et la perfection de plusieurs ensemble. » « Quoiqu'elle n'eût alors que quatorze ans, Marie-Félicie avait la taille belle, l'air plein de douceur et de majesté, le cœur élevé d'une princesse et d'une chrétienne : on trouvait en elle la charité, la grandeur d'âme, la constance et tout ce qui peut sanctifier l'éclat d'une éminente fortune[1]. » Ses yeux profonds, d'une beauté tout italienne, exprimaient la réflexion, la bonté et l'amour[2].

Cette première entrevue fut décisive :

1. Mgr Fliche, t. Ier, p. 24.
2. Cotolendi, *Vie de Mme de Montmorency*, p. 6.

Marie-Félicie avait senti que son cœur se donnait sans réserve et pour jamais, de sorte qu'on put dire d'elle plus tard qu'elle aima son mari de tous les amours qu'on peut avoir en ce monde, puisqu'elle n'aima jamais que lui[1].

Le Louvre déploya pour les fêtes du mariage une splendeur inusitée : le lendemain un bal eut lieu à l'hôtel de Montmorency[2], mais la reine voulut conserver encore quelque temps au palais les deux époux, « ne pouvant consentir, disait-elle, à se séparer si tôt d'une si chère parente ».

1. A. Renée, *la Duchesse de Montmorency*, p. 5.
2. Il était situé rue Sainte-Avoye, près de la rue du Temple.

III

Mme de Montmorency à la cour.

Les derniers éclats des fêtes nuptiales venaient à peine de s'éteindre, lorsque la nouvelle duchesse échappa, sans en avoir conscience, à un sujet de mortelles inquiétudes. Henri de Gondy, duc de Retz, avait épousé l'héritière de Chemillé[1], celle qui fut un instant de nom, sinon de fait, la première femme de M. de Montmorency, et ce dernier, jouant sur les mots, ne s'était pas fait faute de l'appeler à plusieurs reprises le duc de mon *Reste*. Un jour que cette plaisanterie assez brutale s'était renouvelée en sa présence, Gondy chargea le maréchal de

---

1. Jeanne de Scépeaulx, duchesse de Retz, qui fut l'une des femmes les plus remarquables de son temps par sa beauté et son esprit. Elle mourut le 30 novembre 1620, à l'âge de trente-deux ans.

Vitry d'aller en demander raison de sa part à l'auteur. Voyant le maréchal se diriger vers lui, Montmorency ne douta pas de son intention, et, s'écartant aussitôt des gentilshommes qui l'accompagnaient, il le pria de parler bas, afin que le bruit de cette affaire ne parvînt pas aux oreilles de sa femme. Le secret fut bien gardé. Le soir qui précéda le rendez-vous, la jeune duchesse venait de changer de costume au milieu de ses femmes, tandis que son mari causait gaiement avec elle, en feignant de retarder, pour lui être agréable, l'expédition de quelques affaires urgentes ; il se promenait dans la chambre, examinant la toilette qu'elle venait de quitter, touchant à ses bijoux et aux nombreux objets de dévotion qu'elle y mêlait toujours. Il s'arrêta tout à coup et prenant un *Agnus Dei* qu'elle portait la nuit à son cou, il la pria de le lui donner ; Marie-Félicie, ravie de cette demande, s'empressa d'attacher le médaillon au bras droit de son époux qui

la remercia d'un baiser et se mit à son bu-
reau, en attendant qu'elle fût profondément
endormie. Il sortit alors, trouva à la porte
du Louvre son oncle, le marquis de Portes,
qui devait lui servir de second, et tous deux
suivis de leurs valets de pied passèrent,
pour sortir de Paris, par une ouverture se-
crète placée entre l'Arsenal et la Bastille, la
porte Saint-Antoine étant fermée à cette
heure. Après avoir passé le reste de la nuit
dans un petit cabaret, ils étaient au point du
jour sur le lieu du combat, où leurs adversaires arrivaient en même temps : chacun
prit aussitôt sa place ; mais, chose étrange !
à peine Montmorency eut-il saisi son épée,
qu'elle lui tomba des mains : une seconde
tentative pour croiser le fer n'eut pas un meilleur succès. Le courage de Montmorency ne
pouvait être mis en doute : aussi les deux
seconds, qui étaient déjà aux prises, s'em-
pressèrent- ils de séparer les adversaires :
une explication franche et loyale eut lieu

sur le terrain, et depuis ce moment le duc de Retz devint l'ami le meilleur et le plus dévoué de celui qui avait eu les premiers torts[1].

En apprenant les détails de cette singulière rencontre, Marie-Félicie n'hésita pas à attribuer le salut de son mari au symbole de dévotion qu'elle lui avait donné, et depuis elle n'oublia jamais de le lui remettre, quand il partait pour la guerre; souvent même elle en ajoutait un autre qu'elle glissait de ses propres mains dans son justaucorps. Si l'on doit en croire l'assertion de plusieurs de ses domestiques, le matin du funeste combat de Castelnaudary, le duc avait pris d'autres vêtements, sans donner l'ordre qu'on y plaçât la relique de la duchesse, comme il avait l'habitude de le faire.

1. L'abbé Garreau, *Vie de Mme de Montmorency*, t. Ier, p. 47. On a aussi raconté d'une autre manière les péripéties de ce combat : Montmorency aurait désarmé, puis renversé son adversaire ; après quoi il lui aurait tendu la main. Nous avouons notre préférence pour la première version.

Le bonheur parfait que goûtaient ensemble les deux époux fut brusquement interrompu vers la fin d'avril 1615 : le connétable était tombé dangereusement malade dans son gouvernement du Languedoc. A cette nouvelle, son fils partit immédiatement pour le revoir, au moins une dernière fois ; mais, quelque diligence qu'il fît, il arriva trop tard. Henri I de Montmorency avait expiré au château de la Grange de Pézenas, à l'âge de quatre-vingt-quatre ans, en montrant de grandes marques de piété et en ordonnant qu'on l'enterrât sous l'habit de l'ordre de Saint-François[1]. Il fut inhumé à Notre-Dame de Grâce, près d'Agde, où il avait choisi sa sépulture. Son fils, auquel le roi donna la survivance de son gouverne-

[1]. Il avait bien quelques peccadilles à se faire pardonner. « Le connétable voulut mourir en habit de capucin. Un gentilhomme nommé Montdragon luy dit : « Ma foy ! vous faites finement, car si vous ne vous déguisez bien, vous n'entrerez jamais en paradis. » Tallemant des Réaux, t. Ier, p. 166.

ment, dut séjourner en Languedoc plus longtemps qu'il n'y avait compté ; les devoirs de
sa charge le retinrent près d'une année loin
de sa femme, sauf quelques rares apparitions.

Pendant ce veuvage anticipé, Marie-Félicie avait voulu se retirer au château de Chantilly, mais la reine régente ne le lui permit
pas et la retint au Louvre ; cette faveur si-
gnalée et les agitations de la cour n'eurent
pas le don de la distraire de ses regrets qui
n'aspiraient qu'à la solitude : l'absence de
son mari avait laissé dans son cœur un vide
qu'aucun de ces honneurs n'était capable de
combler. Cependant son attitude réservée,
sa modestie dans une position si brillante,
son affabilité inaltérable, la faisaient à la
fois respecter et chérir autour d'elle. Tandis
que la plupart des femmes de la cour s'in-
géniaient à dévoiler et à faire ressortir leur
beauté par tous les artifices imaginables,
elle, qui avait les plus belles mains du
monde, se refusait presque toujours, pour

éviter les compliments, à les laisser voir à
découvert : c'était alors un genre de beauté
qu'on prisait fort à la cour; on sait l'importance que la reine Anne d'Autriche y atta-
chait pour son propre compte. Un jour, au
bal, M. le Prince, beau-frère de Mme de
Montmorency, voulut lui ôter ses gants :
elle y consentit, mais en lui assurant qu'elle
ne le souffrirait pas de la part d'un
autre. Ce propos fut rapporté à Louis XIII,
qui dit en riant à la duchesse qu'il la dégan-
terait lui-même, quand bon lui semblerait :
« Sire, lui répondit-elle, je ne le permettrais
pas. » Le roi parut surpris et un peu offensé de
cette déclaration : « Votre Majesté, ajouta-t-
elle de l'air le plus aimable, doit être bien
persuadée que je ne voudrais pas lui en
laisser la peine. — Vous voyez, messieurs,
s'écria le roi en s'adressant à son entou-
rage, qu'il serait difficile de prendre la duchesse par ses paroles[1]. »

1. Mgr Fliche, t. Ier, p. 35.

Ne se faisant pas illusion, du reste, sur les vertus et sur la morale de cour, Marie-Félicie écrivait vers cette époque à l'une des religieuses de Florence qui avaient travaillé à son éducation : « Je commence à entrer dans la vie mondaine; je me trouve dans le centre des vanités et je les examine pour les bien connaître : je vois l'agitation des grandes cours, où tout le monde s'occupe de plaisirs et d'ambition, et je remarque les différents partis où l'on s'engage, bien moins pour chercher la justice et la raison que pour le motif de l'intérêt et de la fortune. Par les dangers auxquels les grands sont exposés, je les regarde comme les martyrs du monde, qui traînent jusqu'à la mort le joug de l'iniquité[1]. »

Forcée par devoir de vivre au milieu de ce bruit et de ces intrigues, elle s'était imposé une règle de vie dont elle ne se départait jamais : ne sortant guère qu'à la suite

1. Cotolendi, *Vie de M*^{me} *de Montmorency*, p. 7.

de la reine, elle restait habituellement chez elle, entourée de ses femmes et conférant chaque jour avec le secrétaire, homme de confiance et de mérite, que le duc lui avait donné : elle se perfectionnait avec lui dans l'art de parler et d'écrire correctement le français. Elle avait désiré d'abord qu'il lui dictât les lettres qu'elle adressait à son mari ; mais une absence de ce secrétaire l'ayant contrainte d'écrire par elle-même, Montmorency, qui ne se méprit pas sur la différence du style, trouva ce changement tout à l'avantage de sa femme et la pria de ne plus suivre dans sa correspondance que les mouvements de son cœur. Bientôt la justesse et la grâce de l'expression répondant à merveille à l'élévation de sa pensée, elle devint si habile dans l'art d'écrire, qu'on s'arrachait ses lettres et qu'on tourmentait même son mari pour qu'il laissât voir celles qui lui étaient adressées.

« En ne considérant ma chère petite du-

chesse qu'à son visage, disait Marie de Médicis, vous ne lui donneriez que ce qu'elle
a, quinze ou seize ans ; mais à la voir agir,
à la lire, à l'entendre, on lui attribuerait
en vérité la pleine expérience et la prudente maturité d'une longue vie[1]. »

1. Mgr Fliche, t. Ier, p. 37.

IV

Les Intrigues du maréchal d'Ancre.

L'affection et la confiance toujours crois-
sante de la reine régente, qui voulait absolument faire une part à Mme de Montmorency
dans les affaires du royaume, ne pouvaient
manquer d'attirer à cette dernière la jalousie, en même temps que les avances inté-
ressées de ceux qui aspiraient à monter ou
qui redoutaient une chute. Parmi ceux-là
se trouvait en première ligne Concini, cet
intrigant Florentin, devenu maréchal de
France sans avoir de sa vie tiré l'épée ;
quoique tout-puissant alors par l'influence
qu'exerçait sur la reine l'esprit artificieux
et délié de sa femme Léonora Galigaï, il
sentait gronder la haine autour de lui et ne

se faisait pas d'illusions sur l'impatience avec laquelle Louis XIII supportait son joug. Il lui fallait donc se créer et se conserver, chose rare à la cour, des amis sûrs et puissants, en état de l'aider et au besoin de le défendre ; aussi n'avait-il épargné ni démarches ni offres séduisantes pour rattacher à sa fortune le duc de Montmorency, tandis que la maréchale d'Ancre, avec cette finesse tout italienne qui lui était propre, s'efforçait de gagner adroitement le cœur et l'appui de sa jeune compatriote, en lui parlant, dans sa langue, des lieux et des souvenirs de son enfance. Il n'y eut pas de prévenances empressées dont elle n'usât auprès d'elle, pour accaparer, au profit du maintien de sa fortune, le crédit de Marie-Félicie sur le cœur d'une reine dont elle ne connaissait que trop l'humeur impérieuse et versatile. La duchesse, qui avait su deviner à qui elle avait affaire, ne reçut ces avances qu'avec une réserve et une froideur qui parurent blessantes à la Florentine : elle s'en plaignit à Marie de Médicis, mais cette princesse se contenta de lui répondre : « Ah ! vous ne connaissez pas la rare vertu de Mme de Montmorency ! » De son côté, le duc, en repoussant avec un dédain mal déguisé les propositions insidieuses de Concini, s'était fait de lui un ennemi acharné, ce dont il se souciait du reste assez peu : aussi, lorsque Marie de Médicis eut accordé aux prières de Mme de Montmorency la grâce de son beau-frère le duc d'Angoulême [1], condamné en 1606 à une prison perpétuelle, à la suite de sa conspiration contre le roi Henri IV, le maréchal d'Ancre se refusa-t-il nettement à lui ouvrir les portes de la Bastille. Marie-Félicie ne se rebuta pas et, à force d'instances, elle obtint de la reine, malgré son favori, que la liberté fût enfin

1. Charles de Valois, fils naturel de Charles IX et de Marie Touchet, né en 1573. Il avait épousé Charlotte de Montmorency, fille du premier mariage du connétable. Elle mourut en 1636.

rendue au prisonnier : bientôt même ce prince fut nommé général d'armée et sut rendre dans ce poste les plus grands services à la France.

Là se bornèrent les faveurs sollicitées par Marie-Félicie de sa royale marraine ; elle sut toujours se tenir en dehors de ce réseau d'intrigues, d'ambitions et de bassesses, qui s'appela la régence de Marie de Médicis, en résistant toujours avec grâce, mais avec une inébranlable fermeté, à toutes les obsessions, de quelque côté qu'elles vinssent. Quelques-uns s'en offensèrent, sa réserve dérangeait bien des combinaisons ; le maréchal de Marillac, qui devait être la première victime de la vengeance de Richelieu dans la funeste année 1632, « fit tout ce qu'il put pour l'obliger d'entrer dans le secret de l'État : il lui montroit les facilités qu'elle y trouveroit par l'amitié et la confiance que lui témoignoit la reine, sans oublier de lui exagérer les grands

avantages qui tomberoient sur son mari,
dont elle devoit contribuer à soutenir la fortune. Mais toutes ces raisons furent inutiles,
et elle lui répondit qu'elle étoit trop jeune
pour avoir dans la conduite des affaires le
discernement que la seule expérience peut
donner [1] ». Le maréchal impatienté s'écria
tout haut devant un cercle nombreux: « Il
ne faut ni se plaindre ni s'étonner que
Mme de Montmorency parle si peu, parce
que sa bouche, pour peu que cela continue,
ne voudra plus prononcer que des senten-
ces. » Ce propos n'eut aucun succès, et Marillac dut venir solliciter son pardon de la
duchesse qui le lui accorda avec une grâce
parfaite, mais sans vouloir pour cela sortir
du plan modeste qu'elle s'était tracé [2].

Pendant l'absence de son mari, elle passait la plus grande partie de son temps en
compagnie de Mmes de Ventadour et d'An-

1. Cotolendi, *Vie de Mme de Montmorency*, p. 9.
2. Mgr Fliche, t. Ier p. 39.

goulême, ses belles-sœurs, et de Mme de Vendôme, avec lesquelles elle vivait dans la plus
étroite intimité, évitant, autant que cela lui
était possible, de prendre part aux bruyants
plaisirs de la cour.

« Que voulez-vous? disait la reine mère,
nous n'avons que la moitié de Mme de Montmorency; son corps est avec nous, mais
son esprit est en Languedoc. »

V

Les Noces du roi.

Le mariage du roi Louis XIII avec l'infante Anne d'Autriche était conclu et devait être célébré à Bordeaux vers la fin de l'année 1615. La reine, qui partait pour y assister, voulut à toute force emmener avec elle Mme de Montmorency, dont elle ne pouvait plus se passer. Marie-Félicie se mit donc en route, mais elle ne s'attendait pas au triste spectacle qu'elle allait avoir sous les yeux et qui contrastait lugubrement avec la pompe de ce voyage de cour. Plus qu'aucune autre province, la Gascogne avait souffert des dernières guerres contre les huguenots ; dans ce pays autrefois si riche et si peuplé, ce n'était plus que ruines, désolation, villages brûlés, terres abandonnées ; la dévastation était partout, et la faim torturait ceux qu'avaient épargnés les fléaux de la guerre. On ne voyait le long des chemins que des malheureux hâves et décharnés, ayant à peine la force d'implorer la pitié, au passage des carrosses de la reine et de sa nombreuse escorte. Ces misères émurent plus qu'aucun autre le cœur de Mme de Montmorency : non contente de répandre autour d'elle d'abondantes aumônes, elle en envoyait jusque dans les villages éloignés, pour le soulagement de ceux qu'elle ne voyait pas ; mais, si sa charité était inépuisable, elle était aussi préoccupée du soin de dissimuler l'auteur de ces bienfaits : « Mettant les aumônes dans la main de Dieu, elle ne vouloit pas voir celle du pauvre qui les recevoit . »

Le mariage royal fut célébré à Bordeaux, le 25 novembre, dans la cathédrale, par

1. Cotolendi, *Vie de Mme de Montmorency*, p. 12.

l'évêque de Saintes : le duc de Montmorency, qui avait pu s'échapper un instant de sa province, s'était fait une joie de venir surprendre sa jeune femme : l'effet de sa présence inespérée fut tel, qu'elle s'évanouit[1]. Peu de jours après, Marie de Médicis reprenait le chemin de Paris, ramenant avec elle la nouvelle reine qui déjà charmait tout le monde par les agréments de sa personne et par sa gracieuse affabilité. Mais le trajet s'effectua dans des conditions plus tristes encore que la première fois : un hiver précoce et rude donnait au pays, qu'on traversait de nouveau, un aspect encore plus désolé ; la neige et la glace avaient mis le comble au désespoir des habitants, mais ils n'avaient pas perdu le souvenir des généreuses bontés de la jeune duchesse, et tout ne leur semblait pas perdu, puisqu'ils revoyaient leur *Providence*.

Un jour qu'elle traversait un hameau

1. A. Renée, p. 21.

ruiné, un enfant en guenilles, transi de fièvre et de froid, persuadé que, s'il pouvait
attirer les regards de la duchesse, ce serait
pour lui le salut, se mit à courir après son
carrosse qui marchait au pas. Parvenu à se
hisser derrière, il voulut attendre, pour se
présenter à elle, que la voiture s'arrêtât;
mais, heureusement pour le pauvre petit,
Mme de Montmorency l'avait aperçu et se le
fit amener : il était presque gelé et sur le
point de perdre connaissance. Elle le prit
aussitôt sur ses genoux, l'enveloppa de son
propre manteau et le réchauffa de ses caresses; lorsque l'enfant fut revenu tout à fait à
lui, il raconta à sa bienfaitrice qu'il avait
perdu son père et que sa mère était malade
dans une chaumière découverte, sans autre
ressource que ce qu'il pouvait obtenir de la
charité des passants. La duchesse se mit
d'abord à le consoler par des paroles affec-
tueuses; elle l'interrogea ensuite sur les
articles de foi, pour lui apprendre ce qu'il

ignorait, et, après lui avoir donné une somme considérable, elle le fit ramener par ses gens aux mains de sa mère.

Une épreuve plus douloureuse à supporter attendait à Poitiers Mme de Montmorency ; elle y apprit la fin prématurée de son frère, le cardinal Orsini, mort à Rome au moment où il se disposait à venir lui faire une visite en France. Ce coup inattendu ébranla sa santé, au point de la forcer à prendre le lit ; la reine vint la voir et déclara qu'elle attendrait pour repartir que Marie-Félicie fût en état de l'accompagner ; on resta trois jours à Poitiers. Mais la duchesse était appelée à subir une atteinte plus cruelle encore pour son cœur ; au moment où la cour rentrait au Louvre, arrivait la nouvelle de la mort du duc de Bracciano. Elle resta cette fois comme écrasée par la douleur ; son père, avec sa haute intelligence et son âme si aimante, avait toujours été pour elle l'objet d'un véritable culte, et,

quoiqu'il fût souffrant depuis plusieurs années, son âge pouvait encore faire espérer
de longs jours. Bientôt, après avoir versé
d'abondantes larmes, Marie-Félicie se réfu-
gia dans la prière, et, en relisant la lettre qui
annonçait son malheur et qui était adressée
à la reine mère, elle disait qu'elle avait encore à remercier Dieu d'avoir donné une fin
aussi chrétienne à une existence tourmentée depuis si longtemps par la maladie[1]. Les
consolations du reste ne lui firent pas défaut ; elle put reconnaître alors combien
était vive la sympathie qu'elle avait su inspirer à tous ceux qui l'approchaient : la reine
Anne d'Autriche se distingua particulièrement par les témoignages qu'elle lui donna
d'une affection destinée à durer toute leur
vie, car les deux amies ne devaient pas se
survivre l'une à l'autre.

Bientôt après, le retour du duc de Montmorency vint éclairer d'un nouveau rayon

1. Mgr Fliche, t. 1er, p. 50.

de soleil les ombres noires qui envelop-
paient Marie-Félicie; il avait été rappelé à
Paris pour prendre part aux divertissements
donnés à l'occasion du mariage du roi; la
cour entière le réclamait; n'y avait-il pas
une place d'honneur marquée pour lui au
milieu de cet Olympe du Louvre? Il figura en
effet avec un éclat sans pareil dans le car-
rousel qui eut lieu à la place Royale, où on
avait élevé un bâtiment somptueux, décoré
du nom de *palais de la Félicité*, que défen-
daient, Bassompierre[1] en tête, et vêtus en
chevaliers, les princes du sang et les premiers seigneurs de la cour. Parmi les dieux
et les héros de la Fable, qui devaient pren-

1. François de Bassompierre, né en Lorraine en 1579.
Aussi renommé par ses services militaires que par
ses galanteries, il prit part à toutes les guerres de
Henri IV et de Louis XIII; celui-ci le créa maréchal de
France en 1622. Bassompierre encourut en 1631 la
disgrâce du cardinal de Richelieu qui le fit enfermer à
la Bastille, où il resta douze ans. Il mourut en 1646.
On a de lui d'intéressants mémoires sur les affaires de
son temps.

dre d'assaut ce palais enchanté, Montmorency représentait Persée, fils de Jupiter.
Précédé d'une troupe de hérauts, d'é-
cuyers, de trompettes à cheval, habillés à
l'antique de drap d'or et d'argent, apparais-
sait le libérateur d'Andromède sur un char
magnifique, traîné par six grands cerfs aux
bois dorés : le monstre, traversé d'un dard,
vomissait le sang en se débattant dans l'eau,
près d'un vaste rocher d'argent que sui-
vaient des captifs chargés de chaînes d'or.
Pendant trois jours, le duc combattit avec
les plus brillants succès les gardiens de la
Félicité : il avait bien la grâce et la majesté
du demi-dieu, tel que la Fable nous le re-
présente[1].

Le deuil de la duchesse ne lui avait pas permis de jouir des triomphes de Montmorency:
on sait d'ailleurs que ces brillantes féeries
avaient d'autant moins d'attrait pour elle,
qu'elles la séparaient de son époux; son

1. A. Renée, p. 12.

seul bonheur eût été la solitude avec lui.
Peut-être même ce désir du calme et du recueillement, qu'elle rêvait pour son amour,
allait-il un peu loin ; si vive que fût l'affection de son mari, il se plaisait trop aux choses du dehors, à la vie au grand soleil, pour
qu'il pût apprécier, autant qu'ils le méri-
taient, les trésors de grâce et de tendresse
qui l'attendaient dans son intérieur ; peut-
être ne mettait-elle pas son amour à un assez haut prix. Son humeur restait toujours
si douce, elle était si éloignée de toute idée
de coquetterie, qu'on sentait bien que son
cœur ne s'éloignait jamais de celui qui l'a-
vait fait battre pour la première fois ; chose
triste à dire, il peut y avoir parfois incon-
vénient à ce qu'un mari soit trop sûr de sa
femme. Veillant d'ailleurs sur le sien avec
la sollicitude incessante d'un ange gardien,
Marie-Félicie savait écarter de lui tout ce
qui pouvait être chagrin ou danger : un jour
même, elle remporta une véritable victoire.

Dans un bal, Montmorency avait eu querelle avec un de ses rivaux en succès, Bassompierre : ce dernier, quelque galant qu'il fût, dansait mal, et Montmorency s'était moqué de lui. Bassompierre, plus disposé à faire une raillerie qu'à la supporter, s'arrêta net et lui dit : « Il est très vrai que vous avez plus d'esprit que moi aux pieds, mais j'en ai aussi ailleurs plus que vous. — Si je n'ai pas aussi bon bec que vous, riposta le duc, j'ai bien aussi bonne épée. — Oui-da! dit Bassompierre, vous avez celle du grand *Anne* de Montmorency », et il affecta d'appuyer fortement sur l'*a*. De pareils propos, échangés entre ces deux raffinés, voulaient du sang : on prit rendez-vous. Marie-Félicie n'était pas présente à cette altercation, mais dès qu'elle se retrouva seule avec son mari, elle reconnut sur ses traits les signes d'une violente colère et fit si bien, qu'elle parvint à lui arracher l'aveu de ses projets de vengeance. Feignant d'abord d'entrer dans ses ressentiments, elle lui fit peu à peu, par de bonnes paroles, comprendre les suites funestes qu'ils pouvaient amener, modéra sa colère en lui parlant de Dieu et de son propre amour, et finit par obtenir de lui qu'il laissât accommoder l'affaire ; ce qui eut lieu sans que l'honneur en souffrît d'une part ni de l'autre[1].

1. Mgr Fliche. — Tallemant des Réaux, *Historiette de M. de Montmorency*.

VI

En Languedoc

Le traité de Loudun semblait devoir mettre un terme aux troubles de la minorité orageuse de Louis XIII ; on pouvait espérer des jours meilleurs, lorsque le prince de Condé, l'un des principaux chefs des mécontents, revenu à la cour sur la foi de ce traité, fut arrêté le 1er septembre 1616, par ordre du maréchal d'Ancre, et enfermé au fort de Vincennes[1]. Il y eut alors une explosion subite de colères, et on vit bientôt sur pied deux armées, dont l'une, commandée par le maréchal de Montigny, se mit à ravager le Nivernais, tandis que l'autre, sous

1. Le prince de Condé y resta confiné pendant trois ans.

les ordres du duc de Guise, allait mettre le siège devant Soissons, où les ducs de Nevers et de Mayenne s'étaient retirés avec force noblesse. Montmorency, de son côté, s'entendit avec d'Épernon et Lesdiguières pour lever une armée de douze mille hommes, se déclarer hautement pour le roi et marcher au secours de Soissons; il était déjà retourné à Béziers, pour y recruter des troupes dans ce dessein, lorsque lui arriva la nouvelle de l'assassinat du maréchal d'Ancre, qui avait eu lieu le 24 avril 1617. Cette mort, qui rendait au roi sa liberté d'action, causa dans le pays une satisfaction générale; des réjouissances publiques s'improvisèrent en tous lieux; ce n'était que feux de joie et cris d'allégresse[1] : l'entreprise du duc devenait donc inutile. Il se rendit d'abord à Toulouse pour veiller à la

1. On dit que, sous la première impression de joie que lui causa la mort de Concini, Montmorency donna cinquante écus au courrier qui lui en apporta la nouvelle.

tranquillité publique et revint ensuite dans le bas Languedoc tenir la réunion des États de la province, conformément aux ordres du roi.

Au mois de mai de cette même année, Marie-Félicie, au comble de ses vœux, se mettait en route pour rejoindre le duc dans son gouvernement : elle était accompagnée pendant ce voyage par son frère Cosme Orsini[1], qui avait quitté Rome pour lui faire une visite à Paris. Nous n'essayerons pas de peindre la joie de Mme de Montmorency, lorsqu'elle put s'éloigner de cette cour pleine de faste et de vanités, dont la pieuse modestie de son caractère s'accommodait si mal : maintenant elle allait être toute à son époux, l'aider dans les soins de sa maison, adoucir ses ennuis et se consacrer, autant qu'il était en elle, au bonheur des populations qu'il gouvernait. La renommée de

1. Il mourut plus tard sur le champ de bataille, dans les guerres d'Allemagne.

ses vertus l'avait précédée : l'évêque de La-
vaur, au nom des États de Languedoc, était
venu à sa rencontre jusqu'à Beaucaire, pour
la recevoir à l'entrée de la province et l'ac-
compagner ensuite au château de Pézenas; après lui avoir témoigné la joie universelle
que causait son arrivée dans ce pays, en
même temps que sa gratitude respectueuse
pour les faveurs qu'elle avait déjà accor-
dées, le prélat la supplia de vouloir bien les
continuer dans l'avenir. Avec cette gracieuse simplicité que la jeune duchesse apportait en toutes choses, elle s'empressa de
lui répondre « qu'elle estoit marrye qu'elle
n'eust plus de cognoissance des affaires du
pays, mais qu'elle s'y employeroit vollon-
tiers en tout ce qui luy seroit possible.[1] »

En même temps les États lui offraient,
comme don de joyeux avènement, une

1. Extrait du registre des États du Languedoc,
séance du 24 mai 1617, cité dans l'Introduction de
l'*Entrée de la duchesse de Montmorency à Montpellier*,
p. XVI. Réimpression de 1873. Coulet, Montpellier.

somme de trois mille écus d'or : ce fut, entre les mains de Mme de Montmorency, une partie intégrante, bientôt largement augmentée, du patrimoine des pauvres de la province.

A Montpellier, où elle allait retrouver son époux, l'enthousiasme se manifesta par des démonstrations d'un éclat sans précédent jusqu'alors : Cosme Orsini eut lieu d'être fier des hommages rendus à sa sœur, ainsi qu'à sa propre famille. Au son des cloches, des trompettes et du canon, la population entière en habits de fête s'était portée au-devant de la duchesse : sa litière découverte était précédée par la noblesse, accourue de tous les points de la province, au nombre de plus de cinq cents cavaliers ; deux cents bourgeois à cheval et une compagnie de carabins composaient le cortège, et l'infanterie formait la haie sur le chemin qu'elle devait parcourir. Partout dans les rues et sur les places publiques, on avait construit des

arcs de triomphe et des monuments symbo-
liques, où, parmi les feuillages, les fleurs et
les devises dans toutes les langues ancien-
nes et modernes, se détachaient les images
de ses glorieux ancêtres, mêlés à ceux de
Montmorency. A tout moment il lui fallait
s'arrêter, pour entendre des harangues en
prose et en vers, qui n'étaient que l'éloge
de ses grandes qualités et de celles du gouverneur : en passant sous un portail, que
décoraient les blasons des Ursins et de
Montmorency, supportés par des anges, une
dame de la ville richement parée vint lui
réciter ces vers qui ne sont pas dépourvus
d'une certaine grâce printanière :

> Puisque la rose d'Italie
> Au laurier de France s'allie
> Et qu'on ne peut cueillir ailleurs
> Rien de plus divin sur la terre,
> Ces plants feront, au lieu de fleurs,
> Des dieux et d'amour et de guerre [1].

Les fêtes ne devaient pas se borner là :

1. *L'Entrée à Montpellier de la duchesse de Montmorency*. p. 31.

« Es jours suivants fut récitée une pastorale par des escoliers en médecine. Et fut dansé un balet d'aveugles, de fort jolie et ingénieuse invention, où furent introduictz des Cupidons, des Apollons, des Sirènes et des monstres marins, bien représentez, et plusieurs airs de chantz à la voix et sur le luth, ou sonnez par des violons; et beaucoup de passages bien dansez, figurant toutes les lettres du nom de madame de Mont maurensi[1]. »

La vieille cité de Montpellier ne se rappelait pas avoir vu dans ses murs un pareil concours de monde, ni une joie aussi vive. Montmorency se sentait fier et heureux de l'enthousiasme avec lequel le pays entier acclamait son épouse; il savait qu'en se donnant à elle, la province allait être tout à fait à lui.

Plusieurs femmes des principaux gentilshommes du Languedoc s'étaient réunies

1. *L'Entrée à Montpellier*, etc. p. 67.

pour faire présent à la duchesse d'un écrin de pierreries de 10,000 livres; elle sut les remercier avec tant de convenance et une grâce si parfaite que, ce qui n'est pas chose facile en pareille circonstance, elle ménagea toutes les susceptibilités, sut rendre à chacun ce qui lui était dû et satisfaire tout le monde.

« Douée des plus belles qualités héréditaires de sa race, écrivait alors l'un de ses officiers, elle (la duchesse) possède un naturel séduisant et doux. Elle est généreuse, libérale, heureuse de rencontrer des cœurs élevés, qui soient capables de vertus sincères; elle excelle dans la noble habitude de faire le bien et de le faire à tous, sans acception de personnes. D'un grand esprit, d'une sagesse peu ordinaire à cet âge, elle se montre droite et réfléchie dans ses jugements, prudente dans ses conseils, ferme et immuable dans ses résolutions. Quant au physique, elle a la plus belle taille qu'on puisse voir, un port majestueux, une beauté sans artifice, mais imposante, une physionomie grave, mais tempérée par la bienveillance et par une charmante modestie. On ne peut la voir sans l'aimer, ni l'aimer sans un véritable sentiment de respect, qu'illumine, réjouit et pénètre un regard attrayant, pur comme un rayon tombé du ciel. Cette expression ne rend que ce que tant d'autres ont éprouvé comme moi [1]. »

Dès que Mme de Montmorency put retrouver un peu de calme, elle s'empressa de se faire donner les noms des plus pauvres familles du lieu de sa résidence, afin de pourvoir à tous leurs besoins : elle se mit à visiter les hôpitaux et les prisons, sans se laisser rebuter par les maladies les plus répugnantes ni par la misère la plus sordide, apportant partout avec elle des secours pour le corps et des consolations pour l'âme. Elle paya les dettes des débiteurs insolvables et

1. Mgr Fliche, t. Ier p. 64.

il n'y eut plus une infortune dont elle ne prît en main les intérêts. Son mari, qui applaudissait à ces générosités et dont la confiance en elle était absolue, la chargeait en même temps de former et de surveiller sa maison, et l'on put voir, non sans étonnement, une femme de dix-sept ans choisir et diriger ses domestiques avec un discernement qui ne se trompa jamais. Tout en cherchant à rendre l'existence agréable aux filles de sa maison, elle surveillait avec attention leur conduite et savait sauvegarder leur vertu. Dans l'ardeur de son zèle religieux, elle s'était même attaché deux écuyers huguenots, comptant sur ses exhortations et sur son exemple pour les ramener à la vraie foi ; en cela elle ne fut point déçue, car ils se convertirent tous deux, sans se faire faute d'avouer que c'était à sa douceur et à sa patience qu'ils en étaient redevables.

L'ordre et la modestie de ses habitudes

avaient réduit autant que possible le train
de sa maison : Montmorency riche, généreux, magnifique, et qui, lorsqu'on s'éton-
nait de ses largesses , s'écriait : « Que
ne suis-je empereur pour en faire davantage ! » la trouvait un peu trop raison-
nable à cet égard : « Vous avez vingt-
quatre pages, c'est trop, lui disait Marie-
Félicie. — Je ne puis pas en avoir moins,
répondait-il : il n'en a jamais été autre-
ment chez moi. — Vous ne pouvez pourtant pas mettre une telle différence entre
votre femme et vous : moi, je n'ai nommé
que six pages. — Mon cher cœur, lui disait le duc en riant, vous avez eu tort,
peut-être pour la première fois de votre
vie, et vous en reviendrez, j'espère ; mais
jusque-là, si vous ne prenez que six pages, souffrez que je prenne ceux qui vous
manquent. Qui ne sait, du reste, ce que vous
m'êtes et que nos deux maisons n'en font
qu'une ? La partie de mes pages que vous

trouvez exagérée ira à votre service comme au mien[1]. »

Au bout de quelques mois, Marie-Félicie était devenue l'idole de la province : c'était à la sagesse de son jugement qu'on soumettait les querelles de famille, et ses décisions étaient considérées comme des oracles ; personne n'aurait osé s'y soustraire. Jamais le duc n'avait trouvé son gouvernement plus facile, ni les populations plus prêtes à lui obéir : on savait qu'en lui résistant on aurait pu attrister le cœur de sa femme : c'était assez.

1. Mgr Fliche, t. Ier, p. 63.

VII

Infidélités de M. de Montmorency. — Mme de Sablé.

Est-ce à dire que, pendant le cours de ces années en fleur, le ciel de Mme de Montmorency soit toujours resté pur de tout nuage, et qu'elle n'ait jamais laissé aux épines du chemin de la vie quelques lambeaux de son bonheur? Non; il lui fallut, à elle aussi, subir les tourments de la jalousie, ce parasite de l'amour, qui vit à ses dépens, en lui infligeant trop souvent les plus cruelles morsures. Le duc avait pour sa femme l'affection la plus tendre et la plus dévouée, il avait même de l'admiration pour elle et nul doute que, comme épouse, il ne la préférât à toute autre; mais il était beau, élégant, fort à la mode auprès des femmes, un de ces hommes enfin qui ont le don de leur plaire et dont elles sont sûres de n'avoir jamais à rougir. Il lui aurait fallu, si nous en croyons Tallemant des Réaux, une vertu plus qu'humaine pour résister aux assauts qu'il avait à soutenir. « M. de Montmorency, nous dit-il, avoit une telle vogue, qu'il n'y avoit pas une femme de celles qui avoient un peu la galanterie en teste, qui ne voulust à toute force en estre cajollée, et il en est venue des provinces, exprès pour tascher à luy donner dans la veuë [1]. » La tentation fut donc trop forte pour lui; en ce temps-là d'ailleurs la fidélité conjugale était une monnaie peu courante à la cour, et, grâce à une légère variante, on pouvait dire de lui :

Jamais *Montmorency* ne trouva de cruelles.

Nous ne nous arrêterons pas à quelques intrigues sans éclat en Languedoc, qui nous

1. Historiette de M. de Montmorency.

sont signalées dans les chroniques de son temps; nous ne prononcerons même qu'en passant, pendant ses fréquents séjours à Paris, le nom de Mlle de Choisy[1] et celui de la princesse de Guémenée[2], qui, dit-on, s'était jetée à sa tête, pour arriver plus tôt à la belle et *précieuse* Madeleine de Souvré, marquise de Sablé. Cette dame, l'une des fleurs rares et brillantes, les premières éclo-

1. C'était une des filles de Jacques de l'Hospital, marquis de Choisy ; sa mère était Madeleine de Cossé : elle avait cinq frères et quatre sœurs. Peu sévère dans ses mœurs, on lui prêta de nombreuses aventures, plus ou moins scandaleuses.

2. Anne de Rohan, née vers 1607. Elle avait épousé son cousin germain Louis VII de Rohan, prince de Guéménée, duc de Montbazon. C'était une fort belle femme, qui avait eu plusieurs *galanteries :* on prétendait même qu'elle avait porté malheur à tous ses amants et on citait à l'appui de cette thèse le comte de Soissons, Montmorency, Boutteville et de Thou. Sur sa liaison avec M. de Montmorency, on avait composé le couplet suivant :

> Belle de Guéménée,
> Soissons vous a laissée
> Avec son inconstance ;
> Mais *les yeux de travers*
> Vous ont mise à l'envers.

ses dans les parterres de l'hôtel de Rambouillet, avait été mariée, sans aucune inclination de sa part, avec Philippe-Emmanuel de Montmorency-Laval, marquis de Sablé, qui, après une courte bouffée d'amour, l'avait négligée, et dont la personnalité insignifiante ne réalisait du reste en aucune façon les rêves de la divine Parthénie : c'était le surnom que lui avait décerné Mlle de Scudéry. « Elle étoit, dit Mme de Motteville, l'une de celles dont la beauté faisoit le plus de bruit à la cour, quand la reine Anne d'Autriche vint en France, mais, si elle étoit aimable, elle désiroit encore plus le paroistre. L'amour que cette dame avoit pour elle-même la rendit un peu trop sensible à celui que les hommes lui témoignoient. »

Celui qui parmi eux attira l'un des premiers ses regards, ce fut son cousin Henri de Montmorency, et il était bien fait pour répondre à l'idéal qu'elle s'était formé : son

grand air, sa bravoure, sa bonne mine en
même temps que ses goûts raffinés, faisaient bien de lui ce héros dont elle s'était
créé l'image, et Parthénie s'attira, sans les
décourager, les empressements de *Polyda-
mas*[1]. Cette liaison s'établit bientôt sur le pied
le plus tendre, et le duc, au grand chagrin
de Marie-Félicie, qui ne l'ignorait pas, dut
faire de fréquents voyages, pour se rendre
auprès de la marquise, établie alors dans
son château de Sablé : nous allons y retrouver la *précieuse*, telle que nous pouvons
nous la figurer. « Un jour que M. de Montmorency revenoit du Languedoc, raconte
Tallemant, que nous connaissons du reste
pour une assez mauvaise langue, elle (Mme de
Sablé) envoya un gentilhomme au-devant de
luy à une demi-journée, pour luy témoigner
l'impatience qu'elle avoit de le revoir; ce
gentilhomme le trouva et vint rapporter à
la marquise qu'il brûloit d'arriver : « Mais

1. V. Cousin, *Mme de Sablé*.

encore, luy dit-elle, que faisoit-il? — Madame, le lieu où il a dîné n'a pas de trop bons cabarets; il a été contraint d'envoyer à des chasseurs du voisinage chercher deux perdrix; il les a fait accommoder en sa présence, les a vues rostir et les a mangées de grand appétit. » Cela ne parut pas à la marquise une grande marque d'impatience : elle en fut piquée, et, quand il arriva, elle ne le voulut pas voir. » Une autre fois, la spirituelle et charmante femme lui reprochait dans un bal au Louvre d'avoir dansé plusieurs fois avec les plus belles de la cour : « Mais, lui répondit-il, que voulez-vous que je fasse? — Que vous ne dansiez qu'avec les laides, monsieur! » Mot charmant, qui donne à merveille la note jalouse de l'amour dans le cœur d'une femme.

Au plus fort de cette exaltation de sentiments, Montmorency, en magnifique seigneur qu'il était, envoya comme présent à son aimable cousine, qui n'était pas riche alors, un contrat de quarante mille livres de rente en fonds de terre : ce n'était à ses yeux qu'un simple souvenir, mais Mme de Sablé, nous devons lui rendre cette justice, s'empressa de le lui renvoyer.

Un jour vint où toute cette belle passion s'évapora : Montmorency, avec sa légèreté habituelle, ne craignit pas d'élever, comme Bellegarde et Buckingham, ses vœux jusqu'au trône : il s'éprit de la reine Anne d'Autriche. Cette fois le héros si souvent vainqueur n'eut aucun succès, mais la marquise était trop glorieuse pour supporter le partage de son amour, même avec une tête couronnée : une rupture absolue s'ensuivit, et elle ne lui pardonna jamais. On dit même qu'elle avoua plus tard n'avoir pas été fâchée de sa mort. De tout cela, il ne resta à Montmorency qu'un médaillon renfermant le portrait de la reine, qu'il avait fait faire et qu'il conserva toujours avec lui : ce portrait devait, si l'on en croit Vittorio Siri, lui

devenir fatal, car il prétend qu'après Castelnaudary ce fut ce médaillon, enchâssé dans
un bracelet de diamants et trouvé sur le
malheureux prisonnier, qui rendit Louis XIII
inflexible devant toutes les sollicitations
qu'on lui fît en sa faveur : tragique et funèbre épilogue d'un roman sans action comme
sans dénouement.

Tandis que son mari se laissait ainsi aller
à la dérive de ses passions, que faisait Marie-
Félicie? Les erreurs de Montmorency n'é-
taient point un secret pour elle : les efforts
de sa raison et de sa piété ne réussissaient
pas toujours à réprimer complètement les
révoltes de son cœur, mais elle souffrait en
silence, et, à force de prier, la résignation
lui venait. Chose étrange! elle en était même
arrivée à aimer celles dont elle le savait
épris[1]. Si parfois elle se laissait aller avec
lui à quelques allusions à cet égard, c'était

1. Mlle de Montpensier, *Mémoires*, t. IV, p. 267. (Édition de 1730.)

parce qu'elle savait que la conscience de son mari n'était pas sans remords et qu'elle espérait ainsi provoquer de sa part quelques preuves de confiance ou même des aveux : nous le savons, ce qu'elle haïssait avant tout, c'était le mensonge. « Comme cette princesse, nous dit l'un de ses plus anciens biographes, connut que le cœur de son époux n'étoit pas pour elle seule, elle le lui demanda souvent tout entier, mais elle remarquoit avec bien de la douleur que l'amour continuoit à y faire des désordres, dont elle se plaignoit en elle-même. Elle étoit quelquefois si triste, qu'elle n'avoit pas la force de parler. Le duc, qui faisoit semblant d'ignorer la cause de son déplaisir, lui demanda un jour si elle étoit malade, et lui ayant répondu qu'elle se portoit bien : «Cependant, madame, reprit-il, votre visage paroît changé. — Il est vrai, dit-elle en rougissant, mais mon cœur ne l'est pas, et cela vous doit suffire. » Ces mots furent suivis

d'un torrent de pleurs, que le duc tâcha
d'apaiser par le regret qu'il lui témoigna de
causer sa douleur. Il lui promit dans ce
moment tout ce qu'elle voulut, mais, peu de
jours après, il oublia sa parole et reprit
secrètement ses premières inclinations[1]. »
Et cependant une sorte de prescience, qui ne
devait pas être un simple mirage du cœur,
lui disait que son mari n'était pas à jamais
perdu pour elle et qu'elle le retrouverait enfin
tel qu'il avait été aux premiers jours; aussi,
tout en versant souvent des larmes amères, ne
se laissa-t-elle jamais aller à la désespérance.

Au milieu du tourbillon d'agitations et de
plaisirs qui l'emportait, le duc n'avait jamais
cessé de lui témoigner les plus tendres
égards; si dans ses amours du dehors son
imagination était satisfaite, son cœur ne l'é-
tait pas; il sentait que le vrai bonheur l'attendait toujours à son foyer. Souvent à la cour, il
faisait rougir l'humilité de la duchesse par

1. Cotolendi, p. 26.

les éloges qu'il lui donnait, et lorsque enfin les désillusions successives l'eurent ramené aux pieds de cette femme qui savait si bien aimer et qui restait toute à lui, il lui disait avec un sourire repentant, qui pour elle payait bien des pleurs : « Je vous ai fait de la peine sans le vouloir; mais songez que, si j'eusse été plus sage, votre piété peut-être n'y eût pas assez gagné. Combien de rosaires récités avec ferveur pour moi et que vous n'auriez pas dits[1] ! »

Faut-il ajouter que le pardon aussitôt accordé se changea pour Marie-Félicie en actions de grâces vers le ciel?

Mais une autre préoccupation pénible l'obsédait depuis plusieurs années : elle n'avait pas d'enfants. L'honneur lui serait donc interdit de continuer cette grande lignée des connétables de Montmorency; n'était-elle pas responsable de l'avenir du beau nom, qui lui avait été confié? Et pourtant

1. Mgr Fliche, t. Ier, p. 86.

la duchesse se sentait si bien faite pour les joies de la maternité ! l'enfant qu'elle aurait serré contre sa poitrine, c'eût été le portrait vivant, la glorieuse espérance d'un époux bien-aimé. Aussi que de prières ardentes, de vœux, de pèlerinages accomplis à pied, jusqu'à se rendre malade ! Cependant Dieu fut inflexible ; il fallut qu'elle s'inclinât devant la rigueur de ses décrets.

Quant à Henri de Montmorency, avec cette générosité qui était le propre de son caractère, il affectait, quels que fussent ses regrets, de ne s'en soucier que pour sa femme ; il avait recommandé à ses familiers de ne parler jamais d'enfants devant elle, et il se conformait lui-même à cette prescription : c'était, pensait-il, une plaie qu'il ne fallait pas irriter. Seulement, lorsque la duchesse lui reprochait la profusion de ses dépenses : « Mon cœur, lui disait-il en riant, vous voyez que je dois louer Dieu avec vous de n'avoir pas d'enfants, car, si j'en avois, vous ne voudriez plus faire de moi qu'un petit prisonnier, ou vous me regarderiez comme un grand voleur. Oui, ajoutait-il en l'embrassant, l'héritier, que vous souhaitez tant, me feroit à vos yeux un tort énorme, avant qu'il pût marcher sur mes traces... peut-être ! »

VIII

Intrigues du connétable de Luynes et de Marie de Médicis. — Maladie de Montmorency. — Mort de Luynes.

Pendant le séjour prolongé que M. et Mᵐᵉ de Montmorency avaient fait en Languedoc, la fortune du duc de Luynes était parvenue à son apogée : Louis XIII ne voyait plus que par ses yeux; mais le tout-puissant favori, sachant avec quelle facilité il avait pu conquérir l'esprit du roi, n'était pas sans crainte pour l'avenir de son influence. Pourquoi ne se verrait-il pas supplanté à son tour au profit d'un rival, capable, par son caractère d'ambitionner sa place, par son mérite et sa popularité, de réussir à la lui enlever? Tel lui semblait être Montmorency; aussi s'efforçait-il de le desservir auprès du roi et d'inspirer contre lui à ce

prince des préventions, tirées de la grandeur de sa maison, de ses alliances presque
royales et de sa valeur personnelle. D'un
autre côté les mécontents, à la tête desquels
était la reine mère, exilée à Blois par le favori, tâchaient de mettre à profit la mauvaise
humeur que ne manquerait pas de causer à
Montmorency l'espèce de disgrâce qui pe-
sait sur lui : sa haute position et l'importance de son gouvernement le rendaient
une recrue précieuse pour leur parti et
pouvaient lui ramener la fortune. La duchesse d'ailleurs n'était-elle pas redevable
à Marie de Médicis des plus éclatantes faveurs? Nul doute que la reconnaissance ne
lui fît un devoir d'engager son mari à se
déclarer pour la reine contre les intérêts de
Louis XIII, qui étaient en même temps ceux
du connétable de Luynes.

Plusieurs tentatives furent donc faites
dans ce sens auprès de Mme de Montmorency; mais c'était bien mal connaître les

scrupules de sa conscience si loyale et si ferme. Marie-Félicie avait vu avec un vrai chagrin la rupture de la mère et du fils; elle eût tout sacrifié pour opérer entre eux un rapprochement, désirable à tous les points de vue, si ce résultat eût été en son pouvoir; mais puisqu'il lui fallait choisir entre les deux, elle n'hésita pas à se déclarer pour les droits inaliénables du roi.

Les factieux cependant ne se tinrent pas pour battus : la reine mère qui se croyait sûre du succès, si elle avait Montmorency pour elle, envoya en Languedoc le sieur du Carbon, pour réclamer une dernière fois les services de la duchesse et le concours de son mari. L'accueil que Marie-Félicie fit à cet envoyé fut tellement froid, qu'il crut devoir s'en plaindre au duc : « La personne du monde, lui dit-il, qui est la plus obligée à la reine, est celle qui vous empêche de la secourir! » La duchesse, qui assistait à l'entretien, sentit que ce reproche lui venait directement de Marie de Médicis, mais elle sut se contenir et ne fit aucune réponse ; elle ne voulait pas que le messager, en envenimant peut-être ses paroles, pût irriter davantage l'esprit de la reine, mais elle persévéra dans la voie qu'elle s'était tracée. Le duc, de son côté, quoiqu'il vît le pouvoir aux mains de ses ennemis, demeura inébranlable dans sa fidélité au roi : ni promesses ni ressentiment ne purent lui faire abandonner la ligne de conduite que son père, un peu avant sa mort, lui avait recommandé de suivre toute sa vie [1].

De ce que nous avons dit sur l'attitude politique prise par Mme de Montmorency envers la reine Marie de Médicis, il ne faudrait pas conclure qu'elle eût répudié pour cela la reconnaissance et l'affection qu'elle lui devait. Plus tard, lorsque l'infortune fut arrivée à son comble pour cette princesse, et qu'abandonnée de tous elle fut contrainte

1. Simon du Cros, p. 21.

de chercher un asile à l'étranger, Marie-Félicie envoya à Londres un gentilhomme, pour lui témoigner de la manière la plus vive son attachement à sa personne et lui offrir tous les services qui pourraient dépendre d'elle. La reine se montra fort touchée de cette démarche : « Assurez la duchesse dit-elle au messager, que j'estime son souvenir à l'égal de celui d'une sainte, dont les accidents de la vie n'altèrent pas le cœur et que je lui demande beaucoup de prières[1]. »

En 1620, M. et Mme de Montmorency avaient été rappelés à Paris ; il s'agissait pour le duc de recevoir la croix du Saint-Esprit à la promotion des chevaliers, qui eut lieu au commencement de cette même année. Mais, quelque temps après, des troubles religieux qui éclatèrent dans son gouvernement, sous le prétexte du mariage du vicomte de l'Estrange[2], catholique, avec la

1. Mgr Fliche, t. Ier, p. 116.
2. Il devait, en 1632, payer de sa tête sa participation à la révolte de Gaston d'Orléans.

dame de Privas, protestante, le forcèrent à y retourner pour étouffer à son début une rébellion, qui menaçait d'enflammer tout le pays. Il leva en toute hâte des troupes à ses frais et, suivi d'une grande partie de la noblesse du Languedoc et du Vivarais, il alla mettre le siège devant la ville de Privas, où les huguenots régnaient en maîtres. Après avoir battu un corps de rebelles qui marchait à leur secours, il se disposait à donner l'assaut aux remparts, lorsque, saisis de terreur, les habitants lui ouvrirent les portes, en implorant sa clémence : il entra aussitôt dans la ville à la tête de son régiment, et le château fut remis aux mains du sieur de la Croix, son capitaine des gardes. La messe fut alors célébrée à Privas, d'où elle était exclue depuis plus de soixante ans [1].

M. de Chastillon [2], qui commandait les

1. Simon du Cros, p. 22 et suivantes.

2. Gaspard de Coligny, petit-fils de l'amiral, né le 26 juillet 1584, mort le 4 janvier 1646. Il fut père de

troupes des religionnaires et tenait encore
la campagne, avait dû reculer devant le duc,
qui put ainsi s'emparer de la plupart des
places de ces contrées. A la prise de Vals,
un maréchal de camp sur le bras duquel il
s'appuyait, fut tué d'un coup de mousquet ;
un second coup de feu enleva les plumes de
son chapeau.

Louis XIII applaudit sincèrement à ces
faits d'armes, mais la jalousie de Luynes et
de ses frères s'en accrut : pour eux, Montmorency à la tête de son armée victorieuse
allait devenir trop puissant; mais ce dernier, n'ayant en vue que le service du roi
et craignant d'ajouter encore aux difficultés
du moment, s'empressa de licencier la plus
grande partie de ses troupes, pour s'occuper uniquement à pacifier le pays et à rompre les menées des factieux, que sa victoire

Mme de la Suze, de Mme de Wurtemberg et du duc de
Chastillon, époux de la célèbre Isabelle-Charlotte de Montmorency, qui fut tué au combat de Charenton en 1649.

n'avait pas encore complètement dissipées. Ce qu'il avait commencé par les armes, il le termina par la clémence.

Tandis que ces événements se passaient, Marie-Félicie était restée à la cour, pleine d'anxiété sur le sort de son mari et ne vivant que des lettres, où il lui faisait part de toutes ses actions; bientôt, pour donner plus de liberté à ses inquiétudes et à ses prières, elle s'était réfugiée dans la solitude ombreuse de Chantilly. On juge avec quelle émotion et quel élan de reconnaissance envers Dieu elle y accueillit les courriers, qui lui apportaient la nouvelle des victoires de Montmorency et de l'énergie mêlée de prudence qu'il avait déployée dans son gouvernement; presque en même temps elle apprenait l'affaire des Ponts-de-Cé, où le maréchal de Créquy avait mis en pleine déroute les troupes des révoltés et ruiné ainsi les desseins ambitieux de la reine mère. Combien elle put alors se féliciter du double triomphe remporté par son mari, d'un côté sur les ennemis du roi et de la religion, de l'autre sur ses propres ressentiments contre le favori ! De ce dernier succès elle pouvait avec raison revendiquer une large part.

Après l'échauffourée des Ponts-de-Cé, Louis XIII se mit en route vers la Guyenne, et Montmorency vint au-devant de lui pour lui offrir ses hommages ; l'accueil du roi fut plus froid qu'on ne devait s'y attendre, mais les intrigues de Luynes avaient porté leurs fruits. Cela n'empêcha pas le duc d'accompagner Louis XIII en Béarn, d'où il revint à Toulouse pour y tenir les états du Languedoc ; peu de temps après, la guerre fut de nouveau déclarée aux religionnaires, et le marquis de Portes, oncle de Montmorency, qui revenait de la cour, lui annonça que le roi était à Clairac, que tout se préparait pour le siège de Montauban, et que l'armée royale était en pleine marche sur cette ville.

Ne doutant pas que l'on n'eût besoin de lui dans cette entreprise, le duc se hâta d'écrire à ses amis, pour qu'ils vinssent le rejoindre en armes à Pézenas : tous se rendirent avec empressement à son appel, et Montmorency pressa tellement les levées d'infanterie, que, le 18 octobre 1621, il arrivait à l'armée devant Montauban, suivi de cinq régiments et d'une nombreuse cavalerie. On le logea au quartier du prince de Joinville, et, dès la première nuit, il fut chargé de la garde des tranchées, dans une des parties les plus exposées au feu de l'ennemi et où le régiment de Picardie avait été fort maltraité : quelques jours après, comme on avait résolu un assaut général, on lui désigna encore l'un des postes les plus périlleux ; mais la contenance des ennemis fut telle, que l'on renonça pour le moment à ce projet.

Ce danger venait à peine d'être écarté, lorsque Montmorency fut saisi d'une fièvre maligne, qui sévissait dans tous les quar-

tiers des assiégeants ; on le transporta aussitôt à Rabastens, où moururent plusieurs
de ses gentilshommes et de ses domestiques. Dès que cette triste nouvelle fut parvenue à Marie-Félicie, elle partit pour aller
le rejoindre ; mais quelque diligence qu'elle
fît, elle ne put arriver auprès de lui que le
septième jour ; son état était alors devenu
si grave et son accablement tel, que les médecins n'osèrent pas laisser à la duchesse la
moindre lueur d'espérance. Voyant qu'il n'y
avait plus à compter sur les secours humains,
elle se mit en prière et répandit au pied de
la croix son âme et ses pleurs ; elle resta ainsi
prosternée toute la nuit : « Mon Dieu, mon
Dieu, s'écriait-elle, je suis votre enfant, me
l'ôteriez-vous donc ? » Une voix intérieure
lui répondit : « Non, pas pour cette fois ! »

Alors, pleine d'une confiance presque
surnaturelle, elle veut rentrer dans la chambre de son cher malade, mais le marquis
de Portes, qui veillait près de lui, s'y op-

pose : c'est pour épargner à la duchesse le cruel spectacle des derniers moments de son époux. Il lui remet alors le testament de Montmorency, mais elle le repousse en disant qu'elle est sûre de sa guérison et pénètre enfin jusqu'au chevet du malade. On récitait les prières des agonisants ; elle ne se trouble pas, demande qu'on laisse au malheureux quelques instants de repos, et tombe à genoux au pied de son lit. Une heure s'était à peine écoulée, lorsque le duc sortit de son assoupissement léthargique ; il s'éveillait comme d'un sommeil peuplé de songes heureux : il put prendre quelque nourriture, et les forces lui revinrent en peu de temps. Au grand étonnement des médecins et à la joie infinie de la duchesse, il était sauvé [1].

Cette guérison miraculeuse fit grand bruit ; cependant on l'attribua uniquement à la science, et le duc de Luynes, ayant été

1. Mgr. Fliche, t. 1ᵉʳ, p. 122.

attaqué peu après, au camp, de la même
maladie, on s'empressa d'appeler le médecin qui avait soigné Montmorency; mais le
connétable n'avait pas à ses côtés une compagne angélique, dont la foi et les prières
pussent faire descendre sur lui les secours
du ciel : ceux de la médecine furent impuis-
sants, et il succomba en peu de jours.

IX

Montmorency au siège de Montpellier. — Admiration
du roi pour Marie-Félicie.

Dès que sa santé le lui permit, pendant que
la duchesse rassurée se retirait à la Grange
de Pézenas, Montmorency se fit porter en litière à Toulouse, où le Parlement l'appelait
avec instances pour réprimer au besoin les
troubles, que pourrait occasionner l'insuccès
du siège de Montauban. Il y était à peine
arrivé, lorsque le roi le nomma au commandement en chef de l'armée du Languedoc, tandis que les États, rassemblés à Carcassonne, décidaient que la province parta-
gerait avec le roi les frais de la guerre.
Chastillon n'était plus à la tête des troupes
protestantes; il les avait quittées pour rentrer au service de Louis XIII, qui paya

du titre de maréchal de France la cession,
qu'il lui fit, de la ville d'Aigues-Mortes,
et le duc de Rohan [1] l'avait remplacé :
c'était un vaillant homme de guerre ; ses
aptitudes militaires, aussi bien que l'importance de sa famille, lui donnaient un
crédit considérable parmi ses correligion-
naires, qui avaient accueilli son arrivée avec
enthousiasme. Après avoir réuni ses forces
dans les Cévennes, il avait marché sur Nîmes et sur Montpellier, où il s'était solide-
ment établi : de là il faisait de fréquentes
excursions aux alentours, attaquant les châteaux, les bourgs fortifiés, et désolant tout
le pays. Aussitôt que Montmorency se
trouva en état de prendre la campagne, les
choses changèrent de face ; s'il avait affaire
à un adversaire digne de lui, ce fut un nouveau stimulant pour sa vigueur et son amour

1. Henri II duc de Rohan, né le 23 août 1579, tué à
la bataille de Rheinfeld le 13 avril 1638. Il est connu
surtout par les intéressants mémoires qu'il a laissés
sur les affaires de son temps.

de la gloire. Non seulement il arrêta les progrès de l'ennemi, mais il reprit encore en peu de temps tout le terrain qu'il avait occupé, s'empara de gré ou de force des places dont il s'était saisi, et, passant au travers des troupes protestantes, il put opérer sa jonction avec le maréchal de Chastillon, qui revenait d'Aigues-Mortes, au mois de juin 1622. A la suite du combat victorieux de la Vérune, il vint ravager les environs de Montpellier, où les huguenots avaient rappelé toutes les garnisons voisines et qui était devenu leur place forte : de là Montmorency se porta sur Béziers, au-devant du roi et du prince de Condé, qui arrivaient avec une nouvelle armée.

Cette fois Louis XIII le reçut avec la plus grande bienveillance, en le remerciant de ses bons services, et après avoir pris Lunel en passant, les armées réunies vinrent mettre le siège devant Montpellier. Le duc s'y distingua encore de la manière la plus bril-

lante : son courage, poussé jusqu'à la témé-
rité, était devenu légendaire; un jour où,
pendant une vigoureuse sortie des assiégés,
il avait été abandonné de la plus grande
partie des siens, il combattit presque seul
jusqu'au soir, et on ne le décida enfin à rentrer au camp, que lorsqu'il eût reçu deux
coups de pique, qui l'avaient mis hors d'état
de continuer : il était le seul survivant du
petit nombre de ceux qui l'avaient suivi.
Malgré la perte de son sang, il vint rendre
compte de l'action au roi, et ce prince le fit
transporter aussitôt au logis du duc de Chevreuse, placé au-dessous du sien; on put
alors lui donner tous les soins nécessaires,
car un de ces coups de pique avait porté
dans le bas-ventre et n'était pas sans danger. Dès qu'elle en fut avertie, Marie-Félicie accourut auprès du roi et le supplia de
permettre que son mari fût porté à Pézenas,
où dans un repos absolu, loin du bruit et
des tracas de la guerre, il se rétablirait

mieux et plus rapidement. Louis XIII y consentit en lui adressant les paroles les plus aimables, et soigné par la duchesse avec ces attentions et cette vigilance que l'amour seul peut donner, Montmorency fut, en moins de trois semaines, en état de monter à cheval et de reprendre les armes, à la grande joie et à l'extrême surprise de ses amis. Quelques jours après, il se trouvait encore de garde à la tranchée et repoussait vigoureusement une furieuse sortie des assiégés.

Tandis que le sang coulait ainsi, les pourparlers allaient leur train et le maréchal de Lesdiguières était parvenu à négocier un traité de paix, qui fut enfin accepté par le roi et valut à son auteur l'épée de connétable. Le duc de Rohan, escorté par le maréchal de Créquy, arriva à Montpellier avec les députés des Églises, et la paix y fut publiée le 17 octobre 1622. Le roi fit alors son entrée solennelle, au milieu des accla-

mations des huguenots et des catholiques
heureux, les uns d'avoir obtenu leur pardon, les autres la liberté. On démolit les
fortifications et une garnison royale fut ins-
tallée dans la ville, sous les ordres du marquis de Valençay.

Pendant que le duc de Montmorency allait tenir à Beaucaire les États du Languedoc, Marie-Félicie accompagna la cour à
Avignon, d'où, profitant du voisinage, elle
alla faire une nouvelle visite à la Sainte-
Baume, dont elle avait conservé un si pieux
souvenir. Dans ce désert sanctifié par l'a-
mour et qui avait pour elle un charme infini,
il lui semblait être plus près de Dieu;
lorsqu'elle le quitta, elle se sentit mieux
armée contre les chagrins et les déceptions
de la vie. Après y avoir accompli tous ses
devoirs religieux, la duchesse reprit le chemin de Paris, où elle arriva presque en
même temps que son époux; tous deux
alors, sur les gracieuses instances de la

reine Anne d'Autriche, vinrent s'établir au Louvre.

Louis XIII avait toujours été singulièrement frappé de la modestie aussi bien que de la vertu de Marie-Félicie : il y avait en elle une réunion de qualités trop rares et trop conformes à ses propres sentiments, pour qu'elle ne lui inspirât pas la sympathie la plus vive. Il l'accueillait donc partout avec une faveur marquée, qui ne laissait pas que de faire des jalouses parmi les dames de la cour, beaucoup plus occupées que la duchesse à se faire valoir et à mettre en relief tous leurs avantages. Aussi ne se faisaient-elles pas faute de railler sa tranquillité silencieuse, au milieu des compétitions de vanités et des intrigues bruyantes du palais : elle n'avait donc pas l'esprit nécessaire pour jouer sa partie dans les conversations brillantes, où elles faisaient assaut de médisances et de prétentions : « Vous vous trompez fort, leur déclara un jour le roi, ne

dites pas que le silence nuit à son esprit,
dites plutôt qu'il la distingue de ceux qui
n'en ont pas[1]. » Il était d'usage le soir,
pendant le cercle de la cour, d'offrir aux
dames des fleurs, accompagnées de quelques madrigaux : le roi voulut une fois
présenter lui-même un bouquet à Mme de
Montmorency; il y avait joint ce quatrain,
dont nous n'avons pas à discuter la valeur
poétique :

> Je vois ta renommée,
> De chacun estimée,
> Déjà bien loing d'icy,
> Sage Montmorency.

La duchesse, qui ne connut jamais l'orgueil, ne se servait des bontés du roi que
dans l'intérêt des autres : elle s'était char-
gée, par exemple, de plaider chaudement la
cause de deux gentilshommes du Languedoc, dont la probité avait été attaquée devant Louis XIII, et ce prince fut si touché
de la manière dont elle les défendit,

1. Cotolendi.

qu'il fît une dame du palais de la reine de
la fille de l'un de ces deux gentilshommes,
tandis qu'il donnait au fils de l'autre une
casaque de mousquetaire. Tout cela n'empêchait pas Marie-Félicie de s'éloigner volontiers de cette cour, si souvent funeste,
nous le savons, à son bonheur conjugal;
elle se sentait heureuse, lorsque le duc était
rappelé dans son gouvernement, de pouvoir
l'y accompagner : c'était pour elle une délivrance. D'ailleurs, elle ne pouvait voir
sans fierté la haute estime et l'influence
considérable qu'il s'était acquises dans
l'exercice de ses fonctions; cette vanité
d'épouse lui était permise. En dehors
même des affaires du gouvernement, lorsqu'il s'agissait du point d'honneur, c'était
à lui que, de tous les côtés de la province,
on accourait soumettre les différends, avant
de tirer l'épée, et son jugement était toujours accepté sans discussion par les deux
parties.

Lord Herbert de Cherbury nous raconte que, se trouvant à Lyon au retour du Piémont et croyant avoir sérieusement à se plaindre des procédés à son égard du marquis de Saint-Chaumond, gouverneur de la ville, il avait échangé avec lui quelques paroles assez provocantes (le narrateur était fort coutumier du fait). Il allait même lui adresser un cartel, lorsqu'il apprit l'arrivée à Lyon du duc de Montmorency, qui quittait le Languedoc pour aller à Paris, et auquel on avait déjà fait part de ce qui s'était passé. Lord Herbert, sans plus tarder, se rendit auprès de lui, et, après avoir exposé ses griefs contre le gouverneur, il déclara au duc qu'il mettait son honneur entre ses mains et qu'il était décidé à n'agir que d'après sa décision. Montmorency lui répondit qu'il comprenait la difficulté qu'éprouvaient les hommes en place à rendre raison de leur conduite comme de simples particuliers, mais qu'il se chargerait volontiers de lui faire obtenir en cette circonstance toutes les satisfactions désirables. Il l'emmena alors chez le marquis de Saint-Chaumond, qui, sur la demande du duc, n'hésita pas à déclarer qu'il regrettait fort le malentendu qui s'était produit entre lui et lord Herbert et qu'il espérait que ce dernier se tiendrait pour satisfait : « C'est assez, » dit Montmorency. « Je me tournai vers lui, continue le narrateur anglais, et je lui demandai si, à ma place, il se montrerait satisfait : « Oui », me répondit-il. Alors je baisai ma main et je la tendis au gouverneur, qui m'embrassa ; l'affaire se termina ainsi[1]. » On voit que la renommée du duc ne s'était pas renfermée dans les limites de son gouvernement.

Sa libéralité du reste, encouragée et dirigée par sa femme, l'avait fait adorer de tous : grands et petits avaient recours à lui dans tous leurs besoins, et souvent il allait lui-même au-devant des demandes ; il pos-

1. Lord Herbert de Cherbury, *Mémoires*, p. 119.

sédait le grand art de savoir donner et, ce
qui est plus difficile encore, de se faire pardonner ses bienfaits. « Un jour qu'il jouoit,
il se trouva sur le jeu environ trois mille pistoles ; un gentilhomme, qui estoit présent,
dit tout bas à un autre que cette somme feroit
sa fortune. Le duc ne fit pas semblant de
l'entendre, mais, l'ayant gagnée un moment
après, il se tourna vers lui : « Je voudrois,
« dit-il, que votre fortune fust plus grande »
et il le pria de recevoir cet argent[1]. »

Une autre fois, en allant à Montpellier, il
vit trois paysans assis sous des oliviers et
prenant gaiement à l'ombre leur repas du
matin : « Je veux savoir, dit Montmorency
à ceux qui l'accompagnaient, si ces hommes
sont vraiment heureux. » Il s'approcha
d'eux aussitôt et leur demanda si rien ne
manquait à leur bonheur : « Non, répon-
dirent deux d'entre eux, nous avons de
bons maîtres, une bonne femme et de beaux

1. Tallemant des Réaux, t. 2, p. 310.

enfants, nos travaux suffisent à nos besoins, et nous n'avons qu'à remercier la Providence. » « Pour moi, dit le troisième, je n'ai pas une aussi bonne chance ; j'avais une pièce de terre venant d'héritage, mais j'avais aussi des dettes, et la terre a été vendue pour les payer : ah ! si j'avais cinquante pistoles, je rachèterais la terre et je serais aussi heureux que les autres, mais qui me les donnera? » « Nous », dit le duc, et il les lui fit à l'instant compter par son écuyer; après quoi il reprit sa route, comblé des bénédictions de tous[1]. »

« Sa vie lui étoit moins que rien, quand il voyoit de la gloire à acquérir, et ses grandes richesses comme à charge, s'il ne gratifioit la vertu[2]. »

C'est ainsi que, par sa bravoure, sa bienveillance et sa générosité, Montmorency s'était attiré l'attachement des gens de

---

1. Mgr Fliche, t. Ier, p. 91 et 92.
2. *Mémoires* de Nicolas Goulas, t. Ier, p. 206.

guerre, dont il reçut plus d'une fois les preuves du dévouement le plus absolu, et qui ne pouvaient se rassasier de le voir et de l'acclamer. Un jour qu'il traversait une petite ville, une troupe de soldats s'était mise à l'accompagner pour lui rendre honneur : Montmorency, voulant les congédier et les remercier de cette preuve d'affection, leur jeta une poignée de pièces d'argent; mais ces hommes, sans se baisser pour les ramasser, se contentèrent de lui porter les armes et s'obstinèrent à le suivre, en lui faisant une véritable ovation. Touché de ce désintéressement et de l'enthousiasme qui éclatait autour de lui, le duc s'arrêta, doubla la récompense et les contraignit enfin à l'accepter. « Vous aimez ces soldats, disait-il ensuite à Marie-Félicie, et vous me savez gré de l'affection que j'ai pour eux, mais ils en font plus que moi, puisqu'ils foulent aux pieds l'argent que je leur donne. »

X

A Chantilly. — Le poëte Théophile.

Au mois de mai 1625, le duc et la duchesse de Montmorency durent revenir à Paris, pour assister à la cérémonie du mariage par procuration de Henriette-Marie de France, qui allait devenir l'épouse de Charles Ier d'Angleterre. La plus tendre amitié unissait cette princesse à Marie-Félicie : elle l'avait vue sans cesse à la cour depuis son enfance et, reconnaissant en sa personne des trésors de piété, de bonté et en même temps de haute raison, elle avait voulu la voir avant son départ, pour recevoir les conseils et les adieux de celle qu'elle appelait déjà la *sainte du grand monde*.

Vouées toutes les deux à un même avenir

d'infortunes, qui devait payer si chèrement
les premières années de bonheur, il semblait
que la parité de leurs destinées les attirât
plus étroitement l'une vers l'autre ; si la duchesse devait gravir la première la voie douloureuse, qui la conduisit au renoncement
absolu de tout ici-bas, l'effroyable catastrophe
qui précipita la royale veuve de Charles Ier
du faîte de l'amour et des grandeurs, devait
également porter au cœur de cette princesse
une de ces blessures incurables, qui sai-
gnent encore dans l'histoire. Bien des
années après, les deux amies devaient se retrouver l'âme en deuil, et nous serons té-
moins de leurs larmes amères versées en
commun, mais aussi de leur pieuse résignation aux ordres sévères du ciel.

Dans cette année 1625 au contraire,
tout souriait autour d'elles : l'une, Madame,
allait monter sur un trône où l'attendait
un époux qu'elle aimerait plus que sa vie;
l'autre, Mme de Montmorency, avait tout

lieu de se glorifier d'un mari, dont le mérite et la valeur allaient se produire avec un
nouvel éclat. Le roi venait de lui donner, en
sa qualité d'amiral, le commandement des
flottes combinées de France et de Hollande,
pour combattre les navires de la Rochelle
et s'emparer de l'île de Ré, avant que la
ville elle-même ne fût régulièrement assié-
gée. Après le départ du duc pour cette expédition, que rendaient encore plus pénible
et plus périlleuse le mauvais état de la marine française et la nécessité de vaincre le
prince de Soubise qui disposait d'un arme-
ment maritime bien supérieur, Marie-Félicie
retourna en Languedoc, où sa santé toujours
délicate se mit à décliner sensiblement. Bientôt, soit par suite du chagrin que lui causait
l'éloignement de son mari, soit à cause
des pénitences secrètes et continuelles
qu'elle s'imposait, il lui devint impossible de
prendre aucune nourriture, et elle tomba
sérieusement malade. Montmorency, que

cette nouvelle surprit au milieu des préparatifs de la campagne, se décida à les laisser surveiller par ses lieutenants, Boutteville et le duc de Retz, et vint passer six semaines auprès de sa femme.

En arrivant il fut frappé du changement de Marie-Félicie, et, dans son inquiétude, il ne la quitta plus un instant; mais, quoique la présence de son époux fût pour la duchesse la plus efficace de toutes les médications, sa maladie n'en persista pas moins assez longtemps. On ne l'entendait cependant jamais se plaindre : elle regardait son mal, comme un ouvrage pénible qu'il faut accomplir patiemment et qu'on ne peut quitter que lorsqu'il est achevé. Le duc faisait tout ce qui était en son pouvoir pour la distraire de ses souffrances; il n'y avait point d'attentions ni même de petits soins qu'il n'eût pour elle, jusqu'à ne pas manquer à la servir de ses propres mains : il tenait à racheter par toutes les preuves d'affection imaginables les chagrins intimes qu'il lui avait infligés trop souvent. Cette année, la fête de la duchesse fut l'occasion d'une grande réjouissance dans sa maison et dans la ville de Pézenas ; il y eut des danses et des banquets en plein air : au milieu de la fête une troupe de jeunes filles, richement vêtues, vint apporter aux pieds de la duchesse, dont la santé se rétablissait, tout un parterre de fleurs, avec ces vers de la composition de son mari :

> La rose et le serpent d'Ursine
> Sont d'un naturel si bénin,
> Que la rose n'a point d'épine
> Et le serpent point de venin

La rose et le serpent faisaient partie des armes de la famille Orsini.

Cependant les devoirs de l'amiral le rappelèrent sur ses navires : Marie-Félicie, en lui faisant ses adieux, parvint à réprimer les mouvements de son cœur et put montrer un certain courage ; mais, lorsque la solitude l'eut ressaissie, elle s'absorba dans la pensée des dangers que courait son mari, et son état de langueur empira de nouveau. Heureusement elle ne resta pas trop long-temps sans avoir la meilleure et la plus douce des consolations, la nouvelle des succès de Montmorency : il lui écrivait sans cesse les événements qui survenaient, et bientôt elle apprit coup sur coup sa victoire sur la flotte des rebelles, chèrement achetée, mais particulièrement glorieuse pour l'ami-ral de France, l'occupation des îles de Ré et d'Oléron, que les ennemis avaient en vain tâché de lui arracher, et enfin la pa-cification momentanée qui allait le rame-ner près d'elle. Un bref de félicitations du pape Urbain VIII vint encore rehausser la gloire du vainqueur, et lorsque Montmorency put enfin revoir sa femme, le bonheur lui avait rendu la santé.

Les deux époux, en retournant ensemble à la cour, s'arrêtèrent à Bourges, où le duc, au

nom du roi, tint sur les fonts de baptême, avec
la princesse douairière de Condé représentant la reine, le jeune duc d'Enghien, qui
devait être le grand Condé. Montmorency
fut reçu à Paris comme un triomphateur;
le peuple le saluait du nom de Restaurateur
de la France et le roi l'accueillit de la manière la plus flatteuse. Mais le temps était
venu où la cour et ses plaisirs décevants
perdaient chaque jour de leur valeur aux
yeux du duc; le prisme s'était brisé pour
lui : Marie-Félicie avait su peu à peu le re-
conquérir tout entier, et cette fois ce fut
pour toujours. Aussi, pendant l'été de 1626,
n'eût-elle rien de plus pressé que de l'emmener au château de Chantilly, le lieu
qu'elle préférait à tous pour y abriter ses
tristesses ou ses joies : elle y trouva ces
jours pleins de soleil, auxquels les orages
de la veille donnent une transparence et
une pureté sans égales.

Montmorency avait d'ailleurs à Chantilly

de quoi satisfaire tous ses goûts : il aimait
les arts et les vers ; nous l'avons vu s'aven-
turer lui-même sur le domaine de la poésie,
et pour ne point s'y égarer « il avoit toujours, dit Tallemant, des gens d'esprit à ses
gages, qui faisoient des vers pour lui et lui
disoient quel jugement il falloit faire des
choses qui couroient en ce temps-là. »
Scudéri l'appelait le père des soldats et le
protecteur des poètes, et en cela il ne faisait que lui rendre justice. L'hôtel de Montmorency, les châteaux de Chantilly et de
la Grange de Pézenas recevaient généreusement et protégeaient parfois contre la
mauvaise fortune les poètes en renom de
cette époque, dont les accords, un peu ou-
bliés aujourd'hui, préludaient, non sans
gloire, à l'épanouissement des grands gé-
nies du règne suivant. Mairet, l'auteur de
Sophonisbe, le plus grand succès du théâtre
avant Corneille, était l'un des commensaux
les plus assidus et les mieux traités de la

maison du duc ; dans la dédicace à la duchesse de sa tragédie de *Sylvanire*, il déclare
qu'il l'avait plutôt composée pour l'hôtel de
Montmorency que pour l'hôtel de Bourgogne.

Mais l'auteur, dont la renommée tapa-
geuse mit le plus souvent à l'épreuve la puissante intervention de son protecteur, ce fut
sans contredit cet étrange personnage de
Théophile Viault, ou de Viau, homme d'é-
pée et homme de plume, « poète et capo-
ral », comme il s'intitule lui-même. On le
voyait toujours à côté du duc, aussi bien à
la cour que sur le champ de bataille. Né à
Clairac en 1595, d'origine huguenote, il
était venu, tout jeune encore, chercher fortune à Paris ; son esprit mordant, sa verve
satirique et ses bons mots avaient su plaire
à Montmorency qui l'avait introduit au Louvre ; mais sa vie licencieuse, ses vers cyniques
et irréligieux ne pouvaient qu'être particulièrement désagréables au roi Louis XIII,

qui le bannit de sa présence et du royaume.
L'exil fit réfléchir ce type complet du bo-
hème de lettres : il se convertit au catholi-
cisme, promit au roi de réformer ses
mœurs, et, grâce surtout à Montmorency, il
reprit faveur à la cour. Mais quelque temps
après parurent sous son nom dans le *Par-
nasse satyrique* des vers tellement scanda-
leux, que cette fois il fut jugé au Parlement,
et, la loi n'admettant guère alors les circonstances atténuantes, condamné à être brûlé
vif. Montmorency sauva Théophile du bû-
cher, en lui donnant asile au château de
Chantilly, et, si le poète passa par le feu, ce
ne fut qu'en effigie. Plus tard, le duc, pendant les troubles du Midi, obtint à force
d'instances la grâce entière de son protégé,
qui s'en alla faire campagne avec lui et revint ensuite à Paris, dans l'hôtel de Montmorency, terminer sa carrière tourmentée,
à l'âge de trente-cinq ans.

On juge combien peu devait être sympathique à la duchesse la personne de cet aventurier de talent; mais, pour complaire à son mari, elle l'avait reçu à Chantilly avec cette bonté et cette grâce qu'elle savait mettre en toute chose. Le poète ne se montra pas ingrat; il célébra les splendeurs de Chantilly, ainsi que la noble hospitalité, qu'il y avait trouvée, et jamais, il faut le dire, la muse de Théophile ne fût mieux inspirée que par la reconnaissance.

Dans son poème divisé en plusieurs odes et intitulé *la Maison de Sylvie*[1] (c'était le nom pastoral de la duchesse), il lui dédie entre autres les strophes suivantes :

> Après luy, je m'en vais loüer
> Une image de Dieu si belle,
> Que le ciel me doit advouer
> Du travail que j'ay fait pour elle :
> Car, après les sacrez autels,
> Qui devant leurs feux immortels
> Font aussi prosterner les anges,
> Nous pouvons, sans impiété,

1. Le pavillon, que Mme de Montmorency avait fait construire, porte encore aujourd'hui le nom de château de Sylvie.

> Flatter une chaste beauté
> Du doux encens de nos louanges.
>
> Ainsi, sous des modestes vœux,
> Mes vers promettent à Sylvie
> Ce bruit charmeur que les neveux
> Nomment une seconde vie :
> Que si mes escrits mesprisez
> Ne peuvent voir authorisez
> Les témoignages de sa gloire,
> Ces eaux, ces rochers et ces bois
> Prendront des âmes et des voix
> Pour en conserver la mémoire [1].

Il nous peint aussi la blancheur du teint de la duchesse, pareille aux neiges célestes, et l'éclat de ses yeux noirs, tandis qu'elle se promène dans ces jardins embaumés, qui ont gardé le doux nom de Sylvie, et il ajoute :

> Une goutte d'eau, une fleur,
> Chasque feuille et chasque couleur,
> Dont nature a marqué ses marbres,
> Méritent tout un livre à part,
> Aussi bien que chasque regard
> Dont Sylvie a touché ses arbres [2].

Le contact de cette vertu si simple, si

1. *Œuvres de Théophile*, 3ᵉ partie, p. 62.
2. *Ibid.*, p. 102.

indulgente pour tout autre qu'elle-même, avait gagné l'esprit plus enfiévré que corrompu de Théophile; il était devenu meilleur en quittant Chantilly, et il le prouva, comme nous l'avons dit.

XI

Exécution de Boutteville. — Montmorency et les pro-
testants du Languedoc. — Mort du marquis de
Portes.

L'ambition jalouse du cardinal de Richelieu, dont le pouvoir n'avait plus de limites,
ne tarda pas à troubler le calme heureux
dont jouissaient à la campagne M. et Mme de
Montmorency; voulant se réserver à lui-
même la surintendance de la marine, il en-
gagea ou plutôt il contraignit le duc à remettre entre les mains du roi sa charge
d'amiral de France, en compensation de
laquelle on lui offrait la somme de neuf
cent mille livres. On sait combien le fils du
connétable mettait la gloire au-dessus de
profit, mais il lui fallut céder, non sans
un amer chagrin, devant la volonté omni-
potente du ministre, et Montmorency, ron-

geant son frein, retourna avec sa femme en Languedoc, où les attendaient les plus tristes infortunes à soulager. Les suites de la guerre civile s'y faisaient en effet cruellement sentir ; la misère et la maladie, ce cortège inséparable de pareils désordres, y sollicitaient l'ardente charité de Marie-Félicie, et elle ne faillit pas à ce devoir qui lui était cher. Ses aumônes furent tellement considérables, que ceux-là mêmes qui en profitaient se demandaient à quelles privations elle pouvait s'astreindre pour y suffire. Elle y employa le revenu de la dotation qui lui avait été faite par la reine, et seize mille livres que le duc lui donnait chaque année, ainsi que la gratification particulière que le roi lui avait accordée sur les droits du sel en Languedoc. Elle y ajoutait encore des sommes importantes que son époux ne se lassait pas de mettre à sa disposition : aussi n'était-ce partout autour d'eux qu'un concert de louanges et de reconnaissance.

Tandis que Montmorency veillait avec
tant de sollicitude au soulagement de ses
peuples, une triste nouvelle lui arriva tout
à coup : celle de l'arrestation et de la mise
à la Bastille de son cousin le comte de Boutteville, père de la duchesse de Chastillon et
du futur maréchal de Luxembourg, qui,
forcé de se réfugier à Bruxelles, après
avoir tué en duel le comte de Thorigny,
n'avait pas craint, en dépit de la rigueur
des édits, de revenir à Paris se battre en
plein jour à la place Royale contre le marquis de Beuvron, le 12 mai 1627. Il avait
pris la fuite aussitôt après; mais on l'avait
saisi à la frontière de Lorraine, et il fut
condamné à mort. Le sort de ce parent,
qu'il aimait, émut si vivement Montmorency,
qu'il dépêcha au roi deux courriers avec des
lettres, où il joignait les plus instantes supplications en faveur du coupable à celles de
sa sœur la princesse de Condé; mais le cardinal fut inexorable; Boutteville monta sur

l'échafaud. Ce fut pour le duc un coup terrible : son affection pour son cousin et l'orgueil de son nom en souffraient également ; il ne pouvait plus voir dans le cardinal qu'un ennemi de sa maison et de tout ce qui était grand et illustre en France. Le roi lui adressa une lettre de consolation, marque d'amitié qui le toucha profondément malgré son chagrin ; il répondit à Louis XIII : Qu'il avoit espéré que le nom de Montmorency auroit pu obtenir de sa bonté une grâce que les lois lui refusoient, mais qu'après la faveur personnelle que le roi venoit de lui accorder, il ne demandoit qu'une occasion pour lui témoigner la même ardeur et la même fidélité que lui et ceux de sa maison avoient toujours eues pour son service et pour la gloire de son État [1].

Cette occasion ne tarda pas à se présenter : une nouvelle prise d'armes des hugue-

1. Simon du Cros, p. 135 et 136.

nots menaçait la province du Languedoc ;
le duc de Rohan s'était remis à la tête des
troupes protestantes et descendait des Cévennes, ce foyer permanent d'insurrections
religieuses; à son approche, la ville de
Privas s'était soulevée de nouveau, en chas-
sant de ses murs la garnison royale et déjà
plusieurs bourgs ou forteresses étaient tom-
bés aux mains des rebelles. Aussitôt informé
de ces premiers mouvements, Montmorency
en avait donné avis au roi, mais l'arrivée
devant la Rochelle de la flotte anglaise ab-
sorbait tellement l'attention du gouvernement français, qu'aucune disposition ne fût
prise contre les factieux du Languedoc.
Réduit ainsi à ses propres ressources, le
duc se hâta de lever encore à ses frais une
petite armée, avec laquelle il entra en campagne pour arrêter au moins la marche de
l'ennemi, en attendant que, sur sa demande, le roi lui eût envoyé le prince de
Condé, auquel il remettrait le commande-

ment en chef des troupes du Midi. Quoiqu'il ne se fît pas d'illusions sur les talents
militaires de son beau-frère [1] le duc était
convaincu que la présence d'un prince du
sang devait lever bien des difficultés, et il
n'hésitait pas à sacrifier son ambition personnelle au bien de l'État.

Nous n'entrerons pas dans le détail des
combats journaliers, presque toujours victorieux, que livra Montmorency avant l'arrivée du prince, et au moyen desquels il pa-
ralysa les entreprises du duc de Rohan, en
l'empêchant de se saisir de Castres et de
Puylaurens. Après avoir fait sa jonction à
Aigues-Mortes avec son beau-frère, au mois
de janvier 1628, il l'accompagna à Toulouse
et au siège de Pamiers. Chargé ensuite du
commandement des troupes du bas Languedoc, après s'être frayé un passage les armes à la main par Nîmes et Beaucaire jus-

1. On prétend que dans sa vie, ce prince n'eut jamais
d'autre mérite que celui d'être le père du grand Condé.

qu'à Valence, il y trouva le roi qui revenait du pas de Suse, et se rendit avec lui sous les murs de Privas, dont l'attaque commença aussitôt. Sans nous étendre sur les épisodes de cette lutte acharnée, nous nous contenterons de raconter un fait étrange, qui est consigné dans l'histoire de la vie de Montmorency[1], et qui peint bien l'état de son âme à cette époque.

Un soir qu'il s'entretenait avec quelques amis de la mort et des mystères de la vie future, son oncle, le marquis de Portes, et lui firent le serment réciproque que le premier des deux qui viendrait à mourir s'en irait, s'il en avait la permission, faire ses adieux au survivant. Quelque temps après, Montmorency, revenant la nuit de la tranchée et harassé de fatigue, s'était profondément endormi sous sa tente, lorsque tout à coup il fut réveillé par le son d'une voix semblable à celle du marquis, lui di-

1. Simon du Cros, p. 191.

sant tristement : Adieu ! Convaincu que ce n'était là qu'un pur effet de son imagination, et sans se soucier davantage de ce mauvais rêve, il se replongea dans le sommeil : mais peu après la même voix retentit distinctement et le fantôme, qu'il n'avait vu qu'en songe, le réveilla de nouveau, en répétant les mots qu'il avait prononcés la première fois. Montmorency se dressa sur son lit et, au milieu du trouble de ses sens, le souvenir de sa conversation avec le marquis de Portes ayant traversé son esprit, il eut peur que ce ne fût un avertissement et dépêcha aussitôt un de ses gens au quartier de son oncle, assez éloigné du sien, pour savoir des nouvelles; mais l'envoyé n'était pas encore de retour, quand un officier entra pour lui annoncer de la part du roi le malheur qu'il redoutait. M. de Portes, qui servait en qualité de maréchal de camp, avait été tué raide le jour même d'un coup de mousquet à la tête, en même temps que le marquis d'Huxelles; le lendemain il devait être fait maréchal de France. Le roi, qui l'estimait fort, se montra très sensible à sa perte : quant à Montmorency, la mort de son oncle et les circonstances surprenantes, qui l'avaient accompagnée, lui causèrent une vive et pénible impression; il n'en parlait jamais sans une émotion profonde.

Peu de jours après cet événement, le duc, qui s'exposait beaucoup trop, faillit périr d'un coup de fauconneau et reçut une blessure au bras; après la reddition de Privas, les maréchaux de Schomberg[1] et de Bassompierre ayant quitté l'armée, ce fut

1. Henri, comte de Schomberg, né à Paris en 1583 d'une famille originaire d'Autriche, fut ambassadeur de France en Angleterre et en Allemagne, et obtint le bâton de maréchal en 1625. Il chassa les Anglais de l'île de Ré et se distingua en Piémont : ce fut lui qui, à la tête de l'armée royale, fit prisonnier à Castelnaudary le duc de Montmorency, à la place duquel il fut nommé gouverneur du Languedoc en 1632 : il y mourut à la fin de cette même année.

lui qui en eût le commandement. En même temps des négociations s'étaient ouvertes avec les rebelles, mais ceux du pays, n'ayant confiance que dans leur gouverneur, avaient juré de ne remettre qu'à lui les places qu'ils occupaient encore. Enfin le roi s'étant rendu à Nîmes avec le cardinal, l'Édit de grâce vint mettre un terme aux hostilités, et le calme se rétablit en Languedoc.

Nous n'avons pas besoin de dire avec quelle anxiété Marie-Félicie, retirée à Pézenas, avait suivi les péripéties de cette guerre civile, pleine d'embûches et de trahisons : la gloire acquise par son mari, au prix de tant de périls, ne compensait pas les alarmes par lesquelles elle était obligée de la payer. Toujours souffrante, battue par le flux et le reflux des craintes et des espérances, elle n'avait pu trouver un point d'appui qu'au pied de la croix, et c'est là qu'elle attendit l'heureuse nouvelle de la paix, qui lui ramena son époux. Mais elle ne fit guère que l'entrevoir, l'heure du repos n'avait pas encore sonné ; il lui fallut tenir les États, travailler à la pacification générale, calmer les esprit et panser, autant qu'il était en lui, les plaies de la guerre : la duchesse ne s'épargna pas de son côté, en l'aidant à cette dernière tâche; il y avait longtemps que les malheureux connaissaient cette main toujours ouverte pour soulager leurs misères.

XII

Les choses en étaient là, lorsqu'en 1629
éclata la guerre de Piémont, car à cette
époque les soldats n'avaient pour se reposer
que le temps de fourbir leurs armes. Le
duc de Savoie, Charles-Emmanuel Ier, au
lieu de se conformer aux stipulations du
traité de Suse, s'était jeté dans les bras des
Impériaux et se préparait à assiéger Casal,
alors occupé par les Français; Louis XIII,
pour secourir cette place, avait résolu
d'envoyer une armée en Piémont, et le cardinal de Richelieu en prit le commandement. Quoiqu'on ne lui eût pas donné
d'emploi dans cette expédition, Montmorency, toujours infatigable, voulut faire la

campagne en qualité de simple volontaire ; mais dès que la nouvelle s'en répandit dans le pays de Languedoc, les gentilshommes s'empressèrent d'imiter son exemple, et, en arrivant à Lyon, il trouva toute la noblesse du Vivarais qui venait se mettre sous ses ordres, en sorte que l'on ne vit jamais un volontaire aussi bien accompagné[1].

Rentrée en Piémont, l'armée française s'empara d'abord de Pignerol et de Turin ; après ces premiers succès, le duc, ayant appris l'arrivée de Louis XIII à Grenoble, revint au-devant de lui, fut reçu avec une faveur toute particulière, et le roi, en le montrant à ceux qui l'entouraient, leur dit : « Voici le plus vaillant homme de mon royaume. » Montmorency fut ensuite envoyé pour commander, dans les environs de Pignerol, les troupes françaises, parmi lesquelles le double fléau de la disette et de la peste, qui désolaient cette partie du Piémont, faisait les

1. Simon du Cros. p. 200.

plus effroyables ravages. Le duc commença par faire venir des vivres à ses frais et combattit par tous les moyens possibles l'influence maligne qui décimait ses soldats ; mais le mal était trop grand et les plaintes nombreuses, aussi le roi, qui était venu à Saint-Jean-de-Maurienne, l'appela-t-il près de lui au mois de juin, et, après lui avoir promis des renforts en hommes et en provisions de toute nature, il déclara qu'il allait le faire changer de pays, en le chargeant de ravitailler Casal, et même de porter ses armes au delà du Pô. « Un combat, pour l'amour de Dieu ! » ajouta en l'embrassant le cardinal de Richelieu : il lui semblait qu'avec Montmorency ce combat ne pouvait être qu'une victoire. Touché de ces marques de confiance, le duc se hâta de repasser le mont Cenis avec le marquis d'Effiat, son maréchal de camp, et après avoir logé à Suse, il se remit en route dans la direction de Casal.

Pour pénétrer avec des chances de succès

jusqu'à cette ville, il était indispensable que
les troupes, sous les ordres de Montmorency,
fortes seulement de six à sept mille hommes
et de huit cents chevaux, pussent opérer
leur jonction à Javenne avec celles du maréchal de la Force [1] ; mais pour y arriver, il
fallait passer devant Veillane, où le duc de
Savoie s'était établi avec quinze mille hommes de pied et quatre mille chevaux. A
partir de ce point, il y avait encore une
lieue et demie à faire dans la montagne pour
parvenir jusqu'au maréchal, qui s'était
avancé de son côté autant que cela lui avait
été possible. Sur l'ordre du duc, les bagages
de son corps d'armée filèrent de nuit, et ils
étaient déjà tous passés, lorsque les troupes
françaises délivrées de cet embarras, après
avoir marché depuis le point du jour, se
trouvèrent à huit heures du matin en bataille

1. Jacques Nompar de Caumont, duc de la Force,
nommé maréchal de France en 1622. Il était né le
29 décembre 1558 et mourut le 10 mai 1652.

devant Veillane. L'ennemi ne faisant pas mine d'attaquer, Montmorency donna l'ordre à son avant-garde de reprendre sa route et fit occuper une maison placée à la tête du chemin, de sorte que, la marche continuant toujours, il ne resta bientôt plus en vue de la place que l'arrière-garde. Les troupes de Savoie se décidèrent alors à l'attaquer; elles étaient divisées en trois corps, dont l'un s'etablit sur le pont de Veillane, tandis que l'autre s'emparait de vive force de la maison défendue par les Français; le troisième servait de réserve, pour envoyer des détachements où besoin serait. Cette armée était formée en grande partie des vieilles bandes impériales, tellement aguerries que le tir de leur mousqueterie était trois fois plus rapide et plus meurtrier que celui des Français. Ceux-ci, pour rendre la partie moins inégale, n'hésitèrent pas à charger l'ennemi l'épée à la main, mais le nombre leur faisait défaut, et la position devint de minute en minute plus critique.

Assis au pied d'un châtaigner, Montmorency regardait défiler son armée et surveillait avec soin ses mouvements, lorsque le bruit de la mousqueterie le fit lever. Après avoir examiné un instant les ennemis : « Je serais bien trompé, s'écria-t-il avec l'exaltation que lui donnait toujours le danger, si cette escarmouche n'attirait pas un beau combat. » Il fit aussitôt faire volte-face à quatre compagnies des gardes, reprit en passant la maison que les Français avaient perdue, et s'élança au secours de l'arrière-garde, qui commençait à lâcher pied. Les ennemis, en le reconnaissant, ouvrirent sur lui un feu tellement violent, qu'en un instant, la plupart de ceux qui l'accompagnaient furent tués ou blessés ; cela ne l'empêcha point de donner ses ordres avec un calme parfait, et comme quelques-uns hésitaient à se porter en avant, il dit à haute voix qu'il fallait combattre et qu'il se chargeait de la responsabilité de l'événement. En même temps il confiait au marquis d'Effiat les chevau-légers de la garde, et, pour les soutenir, il se mit lui-même à la tête des gendarmes du roi : il montait ce jour-là un grand cheval de bataille, aux mouvements vigoureux et énergiques.

Voyant alors le marquis faire un détour à droite pour aborder plus facilement l'ennemi, l'impatience le prend, et rendant la main à son cheval, il saute un fossé profond qui s'ouvrait devant lui: il se trouve ainsi le premier au combat. Après avoir essuyé tout le feu d'un bataillon allemand et traversé seul comme un tourbillon le rideau de tirailleurs qui couvraient la cavalerie, il pousse jusqu'au premier escadron, à la tête duquel est le prince Doria, met ce dernier hors de combat de deux coups d'épée, et d'un seul élan pénètre jusqu'au cinquième rang. Rejoint alors par ses gentilshommes et par les gendarmes qui achèvent de tailler

en pièces l'escadron ennemi, il se met à la
tête de la compagnie de Monsieur arrivant
sur le champ de bataille, charge le gros de la
cavalerie piémontaise tandis qu'elle marche
au secours des siens, la culbute, passe au
travers, et, sans perdre haleine, s'élance encore seul sur une troupe d'infanterie alle-
mande, où on le voit disparaître dans un
nuage de fumée et de poussière. On le
croyait mort, lorsqu'on le revit au milieu du
feu, toujours à cheval, se frayant une route
sanglante, indiquée par le désordre des Impériaux, qui, saisis d'effroi, jetaient leurs armes en fuyant avec une telle précipitation,
que plus de trois cents d'entre eux se
noyèrent dans un grand fossé plein d'eau.
Arrivés enfin jusqu'à Montmorency, ses
compagnons se mirent à la poursuite des
troupes de Savoie, qui, dans leur épouvante,
ne cherchèrent même pas à se rallier. Ainsi,
au grand étonnement de tous, un homme
seul avait défait quatorze ou quinze compa-

gnies des vieilles bandes allemandes; si ce
fait n'était attesté par l'histoire, ne croirait-
on pas lire le récit des prouesses fabuleu-
ses de l'un des chevaliers de la Table-
Ronde?

Témoin, du haut des remparts de Veillane,
des péripéties du combat, le duc de Savoie
n'avait pas osé descendre dans la plaine pour
soutenir les siens, et les Français victorieux
purent reprendre en bon ordre leur chemin
vers Javenne, emmenant avec eux le prince
Doria, quelques centaines de prisonniers,
ainsi que treize drapeaux et six cornettes
de cavalerie. Quant à Montmorency, il prit
à peine le temps de se reposer, tant il avait
hâte d'opérer sa jonction avec le maréchal
de la Force. « C'est une merveille, ajoute
son historien, que de tant de coups que le duc
de Montmorency reçut, pas un ne fût san-
glant, qu'une égratignure qu'il eut à la lèvre;
son cheval y fut blessé en trois endroits,
la garde de son épée et les tassettes de sa

cuirasse furent emportées des mousquetades, son habillement de tête tout enfoncé, la branche de fer qui lui défendoit le visage à demi coupée et ses bras tellement meurtris, que la noirceur y parut plus de trois semaines après[1]. »

La nouvelle de ce brillant combat et de la délivrance de Casal fut particulièrement agréable au roi ; nous ne pouvons mieux faire que de rapporter ici la lettre qu'il adressa sur ce sujet à la reine mère, alors établie à Lyon avec la duchesse de Montmorency : « Madame, écrivait-il, les services que mon cousin, le duc de Montmorency, me rend en toutes occasions, m'obligent à vous faire savoir les satisfactions que j'en reçois. Conduisant mes troupes en Piémont, les ennemis ont voulu l'attaquer sur le passage, mais il les a si généreusement chargés, qu'il en a fait demeurer huit cents sur la place, pris

1. Simon du Cros. p. 213. — Cotolendi.

plus de deux cents prisonniers, mis le reste
en fuite, emporté dix-neuf de leurs drapeaux
et demeuré maître du champ de bataille. Il
n'a point esté blessé, Dieu mercy! et je
viens de luy despêcher un courrier exprès
pour luy faire connoistre le gré que je luy
sçais de ses services; je vous prie de vous
en réjouir avec ma cousine, la duchesse de
Montmorency sa femme, et de me croire vos-
tre très humble et très obéissant fils.

« Signé : Louis.

« A Saint-Jean, le douzième juillet 1630 [1]. »

Dans la lettre du roi au duc de Montmorency, se trouvaient ces mots : « Je me sens
obligé par cette dernière action, autant qu'un
roy le peut estre envers son subject [2]. »

Les faits d'armes de Montmorency dans
cette campagne ne devaient pas se borner à
l'éclatante journée de Veillane; il prit en-

1. Simon du Cros, p. 217. — Mgr Fliche, t. Ier, p. 144.
2. Simon du Cros, p. 218.

core Saluces, Revel, et à Carignan il venait
de remporter un avantage signalé sur le
nouveau duc de Savoie, Charles-Emmanuel II[1], lorsqu'une trêve, qui devait être
bientôt suivie de la paix, fut conclue entre
les belligérants : voici dans quelles circonstances. Une armée française toute fraîche,
sous les ordres du maréchal de Schomberg,
s'était portée près de Casal au-devant des
troupes combinées de l'Espagne et de l'Em-
pire, commandées par le marquis de Sainte-
Croix : les premiers coups de canon
avaient été tirés et on commençait à en
venir aux mains, lorsque tout à coup on vit
s'élancer au galop, des retranchements espagnols, un cavalier qui se dirigeait vers les
Français; il tenait d'une main un crucifix au
lieu d'épée et de l'autre son chapeau, qu'il
agitait en criant : *Pace! pace!* Ce cavalier

1. Son père, Charles-Emmanuel Ier, venait de mourir du chagrin que lui avait causé le renversement de
ses ambitieux projets.

n'était autre que Giulio Mazarini, et cette paix devait être le premier enjeu de sa fortune à venir. Après de longs pourparlers, l'habile négociateur parvint à amener une conférence entre les généraux ennemis, et l'armistice en sortit[1].

1. V. Cousin, *Jeunesse de Mazarin,* p. 593.

XIII

Montmorency est fait maréchal de France. — Révolte
de Gaston d'Orléans. — Le duc se déclare pour lui,
malgré les efforts de sa femme.

Quel beau jour pour Marie-Félicie que
celui de cette bienheureuse paix ! Pendant
la guerre, qui avait exposé Montmorency au
double danger des armes et de la peste, il
lui avait semblé que sa propre vie était sus-
pendue : elle avait suivi la cour à Lyon, afin
de se rapprocher de son mari et là, absor-
bée par ses inquiétudes, elle négligeait le
soin de sa personne au point de passer les
nuits entières à la fenêtre ouverte, pour
apercevoir un instant plus tôt les courriers
que le duc lui envoyait. Cette imprudence coûta cher à sa santé, toujours si
chancelante, et elle resta plusieurs années sans pouvoir s'en remettre complè-

tement. Le duc arriva enfin dans le courant d'octobre à Lyon, où on le reçut comme le héros de la campagne, et, lorsque le roi, qui avait été fort gravement malade, fut en état de repartir pour Paris avec le cardinal, les deux époux reprirent le chemin du Languedoc.

Les médecins avaient ordonné à la duchesse les eaux de Balaruc, tandis que Montmorency mettrait ordre aux affaires de la province, que son absence avait laissée à peu près sans direction et dont l'état n'était rien moins que florissant. Une maladie épidémique y avait exercé d'affreux ravages, et le découragement s'était emparé de tous : l'aspect du pays parut au duc singulièrement attristé, mais son retour avait été accueilli comme le salut, et la confiance en lui était telle, que sa seule présence rétablit en peu de temps le moral des populations; grâce à ses sages mesures et à sa générosité, la vie publique reprit son cours habituel, et lorsque, après avoir reçu à Carcassonne les dé-

putés du parlement de Toulouse, Montmorency reprit le chemin de Paris, il laissait
derrière lui son gouvernement paisible et
rassuré. A la sortie du Languedoc, il prit les
devants sur la duchesse qui l'accompagnait,
n'emmenant avec lui, pour faire plus de diligence, qu'un gentilhomme et deux valets.
Il savait qu'après avoir été, pendant la maladie du roi, sur le point d'être congédié, le
cardinal s'était remis en selle et que sa puissance était devenue plus formidable que
jamais; le duc avait ses raisons pour tenir
à ce qu'un séjour trop prolongé dans sa
province ne pût pas être interprété comme
un signe d'opposition [1].

Quoi qu'il en soit, Montmorency n'avait
jamais été plus populaire à la cour et à la
ville : le 19 décembre 1630, le roi le fit
maréchal de France, autant pour récompenser ses grands services, que pour répondre aux plaintes des autres maréchaux,

1. Simon du Cros, p. 237.

qui n'avaient pu voir sans jalousie que, avec
un grade moins élevé que le leur, on lui eût
confié un commandement général d'armée.
« Acceptez, mon cousin, avait dit Louis XIII
en lui remettant le bâton; vous l'honorez
plus qu'il ne vous honore [1]. »

La duchesse, en arrivant à Paris, avait
présenté au baptême son neveu, Armand
prince de Conti, second fils de M. le prince;
le cardinal de Richelieu était parrain. Il y eut
à cette occasion de grandes fêtes à l'hôtel
de Montmorency; le roi, les princesses,
toute la cour prirent part à ces divertissements et aux festins. Louis XIII, selon son
habitude lorsqu'il rencontrait la duchesse,
s'y entretint longtemps avec elle : « Je
viens, dit-il tout haut lorsque la conversation fut terminée, de découvrir tant de per-
fections en ma cousine, que je désespère de
la pouvoir imiter [2]. »

1. Amédée Renée. p. 125.
2. Cotolendi, p. 42.

Les plaisirs, qui s'annonçaient comme
devant signaler la fin de l'année et le commencement de 1631, furent bientôt troublés
par une nouvelle tentative de la reine Marie
de Médicis contre la puissance du cardinal,
laquelle aboutit à la journée des *dupes*[1], où
tout l'avantage revint à ce dernier. Gaston
d'Orléans, qui avait pris parti pour sa mère,
sentit alors qu'il s'était fait un ennemi
juré de Richelieu, dont le pouvoir n'avait
plus de limites ; à la suite d'une scène de
rupture qu'il eut avec lui le 30 janvier [2],
il quitta brusquement la cour, en se reti-
rant d'abord à Orléans, pour sortir quelque
temps après du royaume et abriter en
Lorraine son mécontentement et ses pro-

1. Le 11 novembre 1630, Marie de Médicis et Monsieur avaient profité d'une indisposition du roi, pour lui
arracher la promesse de la destitution de son ministre;
mais celui-ci courut aussitôt à Versailles, où Louis XIII
se trouvait alors et ne le quitta qu'après avoir regagné
toute sa confiance et obtenu qu'il lui livrât ses ennemis.

2. *Mémoires* du duc d'Orléans, t. Ier, p. 97.

jets de vengeance : premier coup de tonnerre, précurseur d'un orage qui devait bouleverser de fond en comble l'existence de notre héroïne.

Depuis qu'il était revenu à la cour, lassé de ces cabales et des instances infructueuses qu'il avait faites auprès du roi et du cardinal, pour obtenir un changement important dans l'administration du Languedoc, Montmorency semblait prendre en dégoût les grands emplois, qui lui avaient été confiés. « Je suis fatigué, rebuté de tous ces honneurs, disait-il à la duchesse, ils m'ont coûté trop cher; je ne veux plus de ces gloires achetées par tant de sang. Du reste, chère amie, en bornant mon ambition, je vous rendrai le calme et la santé qui vous sont nécessaires, et ce motif seul serait assez puissant pour me confirmer dans mon dessein[1]. » Il s'occupait en même temps de grands travaux d'embellissement au château

1. Mgr Fliche, t. Ier, p. 146.

de Chantilly, où il comptait faire chaque année de plus longs séjours. On juge avec quelle joie la duchesse entrevoyait cet avenir plein de promesses, où sa dernière rivale, la gloire, ne serait plus à redouter; elle avait ainsi devant elle une longue perspective de bonheur à deux, tel qu'elle l'avait toujours rêvé.

Aussi travaillait-elle de tout son pouvoir à maintenir son époux dans cette voie, sans que la pensée lui vînt de regarder en arrière et d'y trouver des regrets. Son avenir allait se décider; le ciel qu'elle avait tant prié depuis si longtemps ne réaliserait-il pas enfin la plus chère de ses espérances?

Cependant, on apprit du Languedoc que Monsieur, après un voyage à Bruxelles, où il n'avait guère obtenu des Espagnols que de belles promesses, s'était résolu à se retirer dans cette province; qu'il y avait envoyé des émissaires, chargés de préparer les esprits en sa faveur, et que les choses avaient marché de telle sorte, que la noblesse des Cévennes et du Vivarais s'était déclarée prête à embrasser sa cause. A l'arrivée de ces nouvelles, Montmorency reçut l'ordre de se rendre en toute hâte dans son gouvernement; il était mécontent : son retour en Languedoc, les mains vides de toutes les améliorations qu'il avait promises, avait à ses yeux toute l'amertume d'un exil. Avant de partir, il était venu faire ses adieux à Louis XIII au château de Monceaux, lorsqu'il se prit de querelle avec le duc de Chevreuse et tous deux mirent l'épée à la main dans la cour même du château : les gardes les arrêtèrent, mais cette action déplut au roi, et, quoiqu'il les eût fait embrasser avant de se séparer, il renvoya les deux adversaires, Chevreuse à Dampierre et Montmorency à Chantilly, avec défense expresse d'en sortir, sans un ordre de sa part [1], qui se fit attendre pendant huit jours.

1. Simon du Cros, p. 247.

Ce fut donc dans une disposition d'esprit assez sombre que le duc se mit en route avec Marie-Félicie pour son gouvernement, en octobre 1631. Ses amis ont raconté depuis qu'un astrologue avait autrefois annoncé au connétable que les astres menaçaient son fils d'un grand malheur pour l'avenir; que le moment prédit approchait alors et que, au milieu des difficultés politiques à prévoir, ce souvenir, dont Montmorency s'était fort peu soucié jusque-là, s'imposait souvent, malgré lui, à son imagination [1].

A peine arrivée en Languedoc, la duchesse éprouva les atteintes de ces souffrances névralgiques aiguës, résultat de ses imprudences de Lyon, et qui plus tard allaient devenir pour elle un véritable supplice : elle était souvent obligée de garder le lit, et l'état général de sa santé en fut sensiblement atteint. Montmorency avait trouvé le

1. *Mémoires* de Nicolas Goulas, t. Ier, p. 117.

pays en proie à une sourde fermentation ;
les lenteurs calculées que le cardinal apportait à l'exécution du *Traité des Élus*, destiné
à rendre à la province ses anciens privilèges
et réclamé par le duc avec tant d'insistance,
étaient venues en aide aux instigations des
agents de Monsieur et aux passions religieuses mal assoupies ; un soulèvement
était donc à craindre dans le Languedoc,
où la guerre civile était, pour ainsi dire,
passée à l'état chronique. En parcourant
ces campagnes et ces villes, remplies de ma-
tières inflammables, dont la moindre étin-
celle pouvait faire un vaste incendie, mais où
il était reçu comme un ami et un libérateur,
le duc ne pouvait s'empêcher de repasser
dans sa mémoire les griefs personnels qu'il
avait à reprocher au cardinal : sa démission
forcée de la charge de grand amiral, la
mort tragique de son cousin Boutteville,
qui n'avait pas été jugé digne d'une grâce
facilement accordée à tant d'autres plus

obscurs ; le traité négocié par l'ordre de Richelieu avec le duc de Rohan, sous la défense expresse de lui en donner aucune connaissance ; ses refus déguisés dans l'affaire des *Élus*, ainsi que tant d'autres mauvais traitements de sa part en Piémont, et depuis son retour ; enfin la promesse, tant de fois éludée dans la suite, de l'épée de connétable que le cardinal lui avait faite à Lyon. Dans ces moments d'irritation, il ne fermait pas assez l'oreille aux discours insidieux des amis de Gaston d'Orléans, qui lui représentaient qu'à lui seul devait appartenir la gloire de délivrer le roi et son pays d'une tyrannie insupportable.

Marie-Félicie, qui n'ignorait pas les pièges auxquels était en butte la loyauté de son mari, le conjurait de rester inébranlable dans sa fidélité, de n'oublier ni les faveurs du roi ni l'inflexible résistance qu'il avait lui-même opposée toujours aux séductions de la reine mère ; elle lui représentait la

honte qu'il devait éprouver à ce que les
ennemis de l'État eussent osé s'adresser à
lui seul, entre tous les gouverneurs de province. comme si on le croyait plus enclin
que les autres à la rébellion. Après lui avoir
détaillé toutes ces raisons, elle lui parlait
de son amour, de la douleur incurable que
lui causerait de sa part une entreprise contre
les intérêts du roi, et des mortelles angoisses
qui en seraient la suite pour elle. Son époux
ne manquait pas de la rassurer : il avouait
que sa bonne foi avait été ébranlée, mais
qu'il était loin encore de prendre parti
pour Monsieur, quoiqu'il désirât sincèrement travailler à un accommodement entre
ce prince et le roi. Montmorency disait vrai :
jusqu'à ce moment la pensée ne lui était pas
venue d'entrer en armes dans ce conflit.

Il fallut pour cela l'arrivée de l'abbé d'Elbène [1] que Gaston d'Orléans lui avait envoyé
expressément, et qui, avec un art infini, sut

1. Il devint plus tard évêque d'Agen.

lui démontrer que, son maître se préparant à passer en Languedoc à la tête de deux mille chevaux, le gouverneur était tenu puisque le roi n'avait pas d'enfant, à recevôir dignement l'héritier présomptif de la couronne et à l'arracher ainsi aux mains des ennemis du dehors, chez lesquels il avait été forcé de chercher asile et protection : que c'était là un service important pour la France et que d'ailleurs le prince n'avait pas d'autre but que de rendre la liberté au roi son frère. Montmorency, disait-il, n'était pas le seul gouverneur de province qui fût appelé à suivre la fortune du frère de Louis XIII ; Charles IV, duc de Lorraine, devait en même temps avec quinze mille hommes faire en France une puissante diversion : la perte du cardinal était donc assurée.

Malheureusement d'Elbène sut plaider sa cause assez habilement pour la gagner ; le duc ne demanda plus que le délai nécessaire pour attirer définitivement au prince

la noblesse et le peuple du pays, et organi-
ser la résistance. Les conférences avec d'Elbène, qui avaient lieu la nuit dans une salle
basse du château de Pézenas, si secrètes
qu'elles fussent, n'avaient pu échapper
aux soupçons de la duchesse : elle chargea
deux de ses gentilshommes, en qui elle
avait toute confiance, de s'informer adroitement un soir de la personne avec laquelle
le duc s'entretenait ainsi. Le lendemain matin, ils entrèrent dans la chambre de Marie-
Félicie avec un tel air de tristesse, qu'elle
ne douta plus de son malheur : « Je vois
bien par votre silence, leur dit-elle, que
mes craintes étaient fondées et que mon
mari a repris pour son Altesse Royale les
sentiments que j'avais voulu lui ôter ! » Elle
espérait cependant qu'il n'était pas encore
irrévocablement engagé; l'ayant attendu
une nuit dans sa chambre, elle se jeta à
ses pieds et, le visage plein de larmes, elle
laissa son cœur lui exprimer tout ce que

pouvaient lui dicter de plus touchant la fidélité d'une sujette envers son roi, la tendresse
d'une femme pour son mari et la piété envers Dieu, en le conjurant de renoncer à ses
funestes projets[1]. Le duc, plus ému encore
qu'il ne voulait le paraître, la releva, l'embrassa avec effusion et lui promit de n'agir
qu'après de mûres et patientes réflexions,
mais il se sentait déjà engagé d'honneur
vis-à-vis du duc d'Orléans; le sort en était
jeté, la crainte des périls à venir ne pouvait
avoir aucune prise sur lui[2]. On l'a dit d'ailleurs : dans les temps troublés, le plus difficile n'est pas de faire son devoir, c'est de
le connaître.

Montmorency s'occupa donc activement
à former les régiments destinés à entrer de
suite en campagne, et il n'était que temps,
car le cardinal n'ignorait aucune de ces menées, et deux armées royales étaient déjà en

1. Cotolendi, p. 47
2. Ibid., p. 48. — Simon du Cros, p. 258.

mouvement pour pénétrer dans la province : l'une, commandée par le maréchal de Schomberg, devait entrer par le haut Languedoc, et l'autre, sous les ordres du maréchal de la Force, par le Pont-Saint-Esprit. On était alors au commencement d'avril 1632 ; Gaston d'Orléans, abandonné par le duc de Lorraine, qui avait été forcé de consentir à une paix désastreuse avec le roi, et, n'ayant pu trouver d'appui ni en Bourgogne, ni en Auvergne, arrivait enfin à Beaucaire avec une poignée de soldats harassés, pour se rendre de là à Béziers. Il avait écrit à Montmorency : « J'ai recours à vous comme à mon dernier refuge ; vous pouvez me sauver sans vous perdre. Laissez-moi me confier à votre valeur et me jeter dans vos bras[1]. »

Marie-Félicie, dont le chagrin avait aggravé les souffrances, était forcée de garder la chambre ; le duc entra chez elle, fit signe qu'il voulait qu'on les laissât seuls et montra

1. Mgr Fliche, p. 155.

à sa femme la lettre par laquelle Monsieur
faisait appel à son honneur. L'émotion de la
duchesse fut si forte, qu'elle perdit connaissance, et son mari, après l'avoir couverte
de caresses, fut obligé, pour la faire revenir
à elle, de rappeler ceux qu'il avait congé-
diés ; il sortit, la mort dans l'âme. A partir
de ce moment, la maison changea de face :
la malheureuse duchesse ne rechercha plus
que la solitude ; on la trouvait dans la partie la
plus obscure de ses appartements, immobile
et laissant couler ses pleurs en silence. On
peut s'imaginer ce qu'elle ressentit, lorsque,
le 24 août, Montmorency vint prendre congé
d'elle ; il essaya encore de lui démontrer
qu'il n'avait pas d'autre pensée que de servir la France déchirée par les factions, d'a-
néantir les partis, et qu'il demandait sincèrement à Dieu sa bénédiction pour le succès
de l'entreprise. Marie-Félicie n'avait plus la
force de combattre sa résolution : « Hélas !
disait-elle d'une voix presque éteinte, si j'ai

eu tant de crainte de vous perdre quand vous serviez légitimement le roi, que deviendrai-je quand vous serez armé contre lui ? Dans quel état me laissez-vous ? ajoutait-elle ; vos ennemis me vont accabler sous vos ruines ! » Le duc, suffoqué par l'émotion, la serra contre son cœur d'une étreinte passionnée et quitta la chambre : « Mon Dieu ! s'écria-t-il, que tout le malheur de mon entreprise, s'il en doit arriver, tombe sur moi et que ma femme ne soit pas enveloppée dans ma mauvaise fortune ! »

« Quand il fut sorti, elle se laissa tomber à genoux devant un crucifix, pour demander encore à Dieu de changer le cœur de son mari, et en même temps, s'abandonnant à sa volonté, elle s'offrit à lui de son côté comme une victime prête à recevoir tous les coups, dont il la voudroit frapper [1]. » Malgré son courage et sa résignation, à partir de ce moment il n'y eut plus de repos pour la

1. Cotolendi, p. 49.

duchesse ni jour ni nuit : d'affreuses ter-
reurs ne cessaient de l'assiéger, et sa morne
douleur eût excité la compassion même des
plus indifférents, s'il avait pu s'en trouver autour d'elle.

Montmorency venait de partir pour se
mettre à la tête de ses troupes, lorsque
Gaston d'Orléans fit son entrée dans Béziers,
où Marie-Félicie se trouvait alors ; elle ne
pouvait quitter son lit. Le prince demanda
à la voir, et lui témoigna toute sa gratitude,
en lui disant que c'était sans doute à sa
considération que son mari lui avait donné
accès dans la province : « Monseigneur,
lui répondit-elle en se soulevant péniblement, si le duc mon mari eût pu déférer
aux conseils d'une femme, je ne puis vous
le céler, assurément Votre Altesse Royale
ne serait point ici[1]. »

1 Mgr Fliche, t. 1er, p. 155. Ce témoignage, puisé aux
sources les plus authentiques, nous paraît devoir réfuter
victorieusement les reproches faits plus tard à Mme de
Montmorency d'avoir excité son mari à la rébellion et

XIV

La journée de Castelnaudary. — Angoisses de Marie-Félicie.

Le 1ᵉʳ septembre, l'armée du maréchal de Schomberg, après avoir enlevé le château et la ville de Saint-Félix de Carmain,

d'être ainsi devenue l'auteur de sa perte. Nous avons déjà vu avec quelle loyauté elle l'avait détourné de prendre parti pour la reine Marie de Médicis, à laquelle elle avait pourtant voué le plus sincère attachement; à plus forte raison avait-elle dû travailler à détacher son époux de la cause de Monsieur, pour lequel elle n'avait ni amitié ni considération.

Les amis du duc, qui, comme l'auteur de l'histoire de la maison de Montmorency, accusent Marie-Félicie de l'avoir poussé dans une voie si fatale, ont cru le disculper ainsi en grande partie de sa révolte : quant à ses ennemis, ils n'ont cherché qu'à la perdre en même temps que lui. Lorsque plus tard Mᵐᵉ de Montmorency s'accusait elle-même d'avoir pu contribuer involontairement à la rébellion de son mari, par l'affection qu'il lui connaissait pour la reine, il ne faut voir dans ces scrupules exagérés que le désir d'excuser à ses propres dépens la faute de son malheureux époux.

s'avançait au-devant de celle de Monsieur près de Castelnaudary : les troupes de ce prince, par suite de l'envoi du duc d'Elbeuf au secours de Beaucaire, étaient réduites de plus de moitié, mais le combat n'en fut pas moins résolu. On fit avancer le canon contre la cavalerie royale et tous les corps s'ébranlèrent pour se mettre en bataille. Le duc de Montmorency, qui commandait réellement l'armée du prince, avait envoyé reconnaître un poste ennemi; mais, n'ayant pu obtenir les renseignements qu'il souhaitait, il s'y porta de sa personne, fort mal accompagné, et, dans un chemin creux où il s'était engagé, il fut blessé de deux coups de feu par des mousquetaires de l'armée royale, embusqués derrière une haie. Il entendit en même temps tirer à quelque distance sur sa droite et jugea avec raison que ce devait être le comte de Moret, qui attaquait de ce côté, selon l'ordre de bataille convenu. Voyant donc que l'affaire était engagée et que, pour sortir du passage difficile où il se trouvait, il n'avait d'autre alternative que de prendre la fuite ou de combattre, il n'hésita pas un instant, enleva son cheval, passa sur le ventre des mousquetaires, et, quoique seul, il tua ou blessa plusieurs des officiers ennemis à la tête de leurs escadrons. Quelques-uns de ses gentilshommes vinrent alors le rejoindre et combattirent vaillamment avec lui, mais il ne fut pas soutenu par ses gendarmes, par ceux de Ventadour, ni par le gros de la cavalerie, qui ne s'ébranla même pas. La plupart de ses compagnons, et entre autres le comte de Rieux, étaient déjà morts ou hors de combat; le comte de Moret [1] avait aussi été tué d'un coup de feu devant ses troupes, et la perte de ce jeune prince y avait jeté un tel désordre, que Monsieur ne put les ramener à la charge, pour sauver

1. Antoine de Bourbon, fils de Henri IV et de Jacqueline de Bueil, comtesse de Moret.

Montmorency. Ce dernier, qui ne perdait jamais son sang-froid dans la mêlée, avait déjà traversé deux escadrons ennemis et il arrivait au pied d'un monticule, d'où il pouvait regagner un de ses corps de troupes, lorsque son cheval fut blessé par un soldat, que le duc perça aussitôt de son épée; mais, parvenu sur la hauteur, ce cheval, qui était un petit barbe très vif, s'abattit sous lui : deux cents pas plus loin, il eût été sauvé. Le duc s'efforça de continuer son chemin à pied, mais bientôt il tomba, épuisé par la perte de son sang; il avait reçu dans le corps dix-huit blessures, dont plusieurs avaient pénétré de part en part; un coup de feu lui avait traversé la gorge.

Un sergent des gardes, nommé Sainte-Marie [1], accourut aussitôt, suivi un instant après par Saint-Preuil [2], capitaine au même

1. *Mémoires* de Pontis, t. II, p. 72. Édition de 1766.
2. François de Jussac, seigneur de Saint-Preuil, qui devait lui-même porter sa tête sur l'échafaud à Amiens, le 9 novembre 1641.

régiment, qui connaissait et aimait de longue date Montmorency : « Courage, mon maître », lui dit-il, en l'abordant les larmes aux yeux. Il fit enlever le blessé par quelques soldats, qui, retrouvant en lui le vainqueur de Veillane et de Carignan, le transportèrent au quartier général avec tout le respect et les précautions imaginables, car sa faiblesse était extrême. A peine arrivé, le duc demanda un confesseur : on le conduisit ensuite à Castelnaudary, déjà occupé par l'armée royale, car les troupes de Monsieur étaient en pleine déroute, et il fut confié aux soins de son chirurgien ordinaire. Pendant cinq jours on le crut perdu ; la fièvre le dévorait et il fallut le saigner à plusieurs reprises, pour éviter les plus graves accidents : la force de sa constitution l'emporta et il vécut.

Mme de Montmorency, de plus en plus torturée par ses souffrances physiques et morales, était encore à Béziers lorsque le

bruit de l'état déplorable de son mari lui
parvint; ce ne fut pas pour elle du désespoir,
mais de l'anéantissement : il lui sembla que
tout son bonheur passé s'écroulait sur sa
tête, et elle en resta comme écrasée. Elle
dépêcha cependant en toute hâte son écuyer,
M. de Maurens, et son médecin, auprès du
prisonnier, pour lui offrir tous les secours
qui étaient en son pouvoir et rapporter des
nouvelles exactes de sa position. Le duc
n'était plus à Castelnaudary et les deux envoyés ne le trouvèrent qu'à Villefranche.
Au moment où ils entraient dans sa chambre,
on était en train de panser ses plaies; après
s'être informé des nouvelles de la duchesse,
il dit au médecin : « Tu feras à ta maîtresse
le récit exact du nombre et de la grandeur
des blessures que tu as vues, et tu l'assure-
ras que celle que j'ai occasionnée à son cœur
m'est infiniment la plus sensible de toutes. »
Il remit aussi aux deux messagers ce billet
qu'il avait tenu à écrire de sa propre main :

« Mon cœur, j'ai reçu une très singulière consolation de voir Maurens : je vous avois déjà écrit ce qu'on espéroit de mes blessures. Je vous puis assurer qu'elles sont en l'état qu'il les vous dira, et que la plus cuisante peine que je ressens dans mes malheurs est de m'imaginer la vôtre. Sortez-en donc pour l'amour de moi, puisque la vie est assurée et que Dieu fait tout pour le mieux.

« Adieu, je suis tout vôtre.

« Henry de Montmorency[1]. »

Un peu rassurée sur l'état présent de son cher blessé, mais pleine de terreur pour l'avenir, Marie-Félicie, en apprenant l'arrivée de Louis XIII en Languedoc, forma, toute faible qu'elle était, le projet d'aller se jeter à ses pieds, pour implorer la grâce de son mari.

Elle envoya donc un de ses officiers les

1. Mgr Fliche, t. Ier, p. 167.

plus dévoués, pour offrir au roi, avec toutes ses soumissions, la remise des places qui restaient encore entre les mains des lieutenants du duc et en même temps pour le conjurer de lui accorder une audience ; mais elle avait été calomniée près de ce prince : on l'accusait déjà d'avoir favorisé les liaisons de Montmorency avec Gaston d'Orléans, et tout accès auprès du roi lui fut impitoyablement interdit.

Nous savons à quel point était injuste l'accusation qu'on faisait peser sur elle ; aussi cette rigueur dut-elle lui paraître doublement cruelle. Que lui était-il permis désormais de tenter, afin de sauver celui pour lequel elle aurait donné sa vie avec joie ? Elle resta donc à Béziers, malade et en proie aux plus cruelles appréhensions ; dans l'impuissance absolue de se sacrifier pour son mari, il ne lui restait plus qu'à demander au ciel la force de se résigner ; mais n'était-ce pas là la plus effroyable des tortures ?

On avait voulu d'abord transporter Montmorency à Toulouse, mais le dévouement
qu'il avait su inspirer aux habitants de cette
ville était tel, que les capitouls ne purent
répondre de la tranquillité, s'il y entrait.
Force fut donc de l'emmener au château de
Lectoure, où on le plaça sous la garde du
maréchal de Schomberg. Lorsqu'il y fut
établi, Marie-Félicie, au moyen de quelques
amis, parvint à établir des communications
avec lui, et les deux époux purent ainsi
s'entretenir parfois de loin. Les forces du
duc revenaient, mais en même temps un
grand découragement des choses de la terre
s'emparait de lui; il engageait sa femme à
ne plus s'occuper de ce qui le regardait
uniquement et à remettre son sort entre les
mains de Dieu; il ajoutait qu'après avoir
tant fait pour la vanité, ses yeux commen-
çaient à se lever vers le ciel et qu'il attendait sans inquiétude ce qui pouvait advenir;
qu'il regardait sa prison comme un effet de

la miséricorde de Dieu ; que la vie n'avait
d'importance pour lui que par rapport à
l'éternité et qu'il se préparait à mourir,
quand il plairait à la Providence[1].

Ces tristes pensées faisaient le désespoir
de Marie-Félicie ; tourmentée par les plus
funestes pressentiments, elle sentait le
malheur s'approcher d'elle pas à pas et ne
pouvait s'empêcher de croire que le duc,
sachant qu'il devait bientôt mourir, voulait la préparer d'avance à cette douleur
inévitable, pour la lui rendre moins cruelle :
« Dans cet état, elle imaginoit cent choses
impossibles, qui lui sembloient aisées pour
le sauver. Même elle fut sur le point de
s'aller embarquer sur mer, feignant de retourner en Italie, pour faire courir le bruit
qu'elle avoit péri ; elle crut que la pensée, qu'on auroit de sa mort obtiendroit la
vie de son mari, par le dessein que l'on for-
meroit de faire en lui une grande alliance.

1. Cotolendi, p. 52.

Mais après, Dieu la ramena à elle-même; il lui fit connoître l'injustice de son action et tournant son cœur vers lui, il la disposa à ne souhaiter aucun soulagement que celui qui viendroit de sa miséricorde [1]. »

L'entreprise de Gaston d'Orléans n'avait pu survivre à la défaite de Castelnaudary; la captivité de Montmorency et sa propre faiblesse avaient ruiné tous ses desseins. L'infanterie s'était débandée, et, entraîné par la déroute, il s'était vu contraint de se renfermer dans Béziers, avec quelques débris de ses troupes. La présence du véritable auteur de ses maux ne pouvait manquer d'être un tourment de plus pour Marie-Félicie; il ne lui était pas possible d'oublier que, sans ce prince néfaste, conspirateur incorrigible et égoïste, elle eût encore compté parmi les plus heureuses des femmes, tandis que maintenant tout lui était refusé, même l'aumône d'un peu d'espérance.

1. Cotolendi, p. 53 et 54.

Les choses en étaient là, lorsque le
20 septembre, à minuit, on vint annoncer
à Monsieur et à la duchesse qu'il n'y avait
plus de sécurité pour eux à Béziers ; que les
troupes des maréchaux de Vitry et de la
Force n'étaient plus qu'à une lieue de distance, et que la ville devait leur être livrée
le lendemain. Malgré l'état misérable de sa
santé, on fit lever en toute hâte l'infortunée
Marie-Félicie ; Monsieur aida lui-même à la
porter dans sa litière, en lui jurant qu'il ne
l'abandonnerait jamais et qu'il n'épargne-
rait rien pour se faire pardonner ses torts.
L'heure et la précipitation du départ, la
confusion qui régnait dans la ville, le tumulte causé par les gens qui la gardaient
et par ceux qui devaient accompagner Monsieur, les cris de la population devenue
insolente par l'approche des troupes royales,
tout contribuait à rendre cette nuit plus
odieuse à la noble et infortunée malade. Le
lendemain matin les fugitifs arrivaient à

Lonzac, où l'on se mit à délibérer si Monsieur ne passerait pas en Roussillon, pour se jeter dans les bras de l'Espagne; mais alors c'était l'arrêt de mort certain du duc de Montmorency, et Marie-Félicie s'en rendait compte, sans qu'elle eût le moyen de s'opposer à de pareilles extrémités; elle était d'ailleurs elle-même fortement compromise, car son départ de Béziers allait passer à la cour pour un acte évident de rébellion.

Le jour d'après arriva M. d'Aiguebonne[1], avec l'ordre de Louis XIII pour Monsieur de revenir immédiatement à Béziers; ce prince s'empressa de l'exécuter, et la duchesse, qui y retourna de son côté quelques jours après, fut envoyée au château de la Grange de Pézenas, pour y attendre le bon plaisir du roi. Avant son départ, Monsieur

---

1. Rostain Antoine d'Urre du Puy Saint-Martin, qui mourut le 9 mai 1656. C'était le frère de M. de Chaudebonne, l'ami le plus dévoué de Mme de Rambouillet.

lui avait encore protesté que, dans le traité qui lui était proposé, il stipulerait expressément la vie sauve de son mari et qu'il sacrifierait au besoin à cette clause tous ses autres intérêts ; mais bientôt après, ce prince au cœur indépendant, qui sut toujours pratiquer si bien l'oubli de ses amis et l'art de les sacrifier à sa propre sûreté, accepta sans discussion et signa aveuglément toutes les conditions qui lui furent imposées. Montmorency n'était pas compris dans le traité [1]. Comme aucun chagrin ne devait être épargné à la duchesse, on l'accusa alors d'intrigues secrètes dans le but d'entretenir la rébellion ; ses vertus mêmes lui furent imputées à crime ; ses libéralités et ses aumônes passèrent pour des moyens de corruption ; c'était son ambition et son imprudence qui avaient perdu son mari, et les peuples, qui se refusaient à voir un coupable

1. Ce honteux traité fut appelé par les plaisants de la cour : *Les étrivières de Béziers.*

dans leur gouverneur, la désignaient publiquement comme la cause de tous leurs maux; on fermait les fenêtres sur son passage, lorsqu'on ne la saluait pas par des cris de colère. Rien ne manqua donc à son supplice immérité!

XV

Derniers moments et exécution de Montmorency.

Arrivé avec le cardinal à Béziers, le
6 octobre, Louis XIII s'y arrêta quelques
jours pour tenir les États, et, le 22, il entrait
dans Toulouse ; aussitôt le duc de Ventadour
et la princesse de Condé, beau-frère et belle-
sœur du duc de Montmorency, eurent l'ordre
de quitter la ville avec défense de s'y repré-
senter : le roi savait qu'ils étaient venus
pour implorer sa clémence en faveur de
leur malheureux parent. L'armée se logea
en grande partie dans la ville ; le marquis
de Brézé, beau-frère du cardinal, fut envoyé
à Lectoure pour prendre Montmorency et
l'amener devant le parlement, que le roi
avait chargé d'instruire et de juger son pro-

cès. Le duc avait d'abord pensé à décliner la juridiction de Toulouse, pour en appeler au parlement de Paris; mais il se désista en disant : « A quoi servira de chicaner ma vie? Je serais aussi bien condamné à Paris qu'ici [1]. »

Ces sinistres préparatifs émurent toute la contrée, et des cris de douleur, que la présence du roi était impuissante à réprimer, éclatèrent de toutes parts; le peuple demandait hautement qu'on lui rendît son maître et son bienfaiteur; ceux même, qui avaient été des ingrats pour lui, étaient maintenant les premiers à le plaindre et à murmurer contre la sévérité du roi : « Qu'on nous prive de nos libertés, disaient-ils tout haut, qu'on nous ôte nos biens et nos enfants, qu'on nous fasse tous mourir et qu'on laisse vivre notre cher et grand gouverneur [2]. »

Ces récriminations bruyantes, il faut bien

1. Tallemant, *Historiette du duc de Montmorency*, t. II.
2. Mgr Fliche, t. Ier, p. 176.

le dire, ne faisaient qu'aggraver la situation, en prouvant clairement l'influence, l'omnipotence même que le duc avait su conquérir dans son gouvernement : c'était là un de ces crimes pour lesquels le cardinal n'avait pas de pardon. Il fut donc inexorable devant toutes les supplications qui lui furent adressées : ne pouvant atteindre le frère du roi, il tenait à donner un grand exemple, en frappant le plus grand après lui.

Montmorency arrivait à Toulouse, le 28 octobre, escorté par un fort détachement de cavalerie ; les mousquetaires du roi étaient allés au-devant de lui jusqu'à l'entrée de la ville et s'étaient placés autour de son carrosse fermé ; le régiment des gardes formait la haie dans les rues qu'il avait à parcourir. Dès qu'il fut arrivé, on envoya au prisonnier deux commissaires du parlement pour procéder à son interrogatoire ; le lendemain on le mit en présence de Beauregard, de Saint-Preuil et de Guitaut, capitaines au régiment

des gardes, et ses anciens amis, qui déplo-
raient le rôle pénible qu'ils avaient à remplir. On demanda à Guitaut s'il avait reconnu
Montmorency pendant le combat de Castelnaudary : « Le feu et la fumée dont il était
couvert, répondit-il avec des sanglots, m'ont
empêché d'abord de le reconnaître ; mais lui
ayant vu rompre six de nos rangs et tuer des
soldats au septième, j'avais jugé que ce ne
pouvait être que M. de Montmorency. Je l'ai
vu certainement, lorsque, son cheval étant
mort sous lui, il demeura au milieu de nos
gens [1]. »

Le duc ne se faisait aucune illusion sur le
sort qui lui était réservé et désormais il ne
pensait plus qu'à l'éternité. Sur sa demande,
le cardinal de la Valette, archevêque de
Toulouse, lui avait envoyé le P. Arnoux, jésuite et confesseur du roi, auquel il portait
une affection toute particulière : « Mon père,

1. *Mémoires* de Pontis, t. II, p. 81. — Simon du
Cros, p. 60.

lui dit-il en le voyant, je vous prie de me mettre tout à cette heure dans le chemin du ciel, le plus court et le plus certain que vous pourrez, n'ayant plus rien à espérer ni à souhaiter que Dieu. » Après un entretien rempli d'un côté de pieuses exhortations, de grandeur d'âme et d'humilité de l'autre, Montmorency chargea le P. Arnoux de demander au roi la disposition de la moitié du jour suivant, pour faire sa confession générale et recevoir la communion. Le père, profondément ému, obtint facilement l'autorisation qu'il désirait.

Sur ces entrefaites, le comte de Launay, lieutenant des gardes, étant venu annoncer au duc que son jugement était différé d'un jour, il se contenta de répondre que ce n'était plus nécessaire et s'occupa avec la plus parfaite tranquillité d'esprit de la disposition de ses biens. Il pria même le P. Arnoux d'assurer de son amitié le cardinal de Richelieu, et de lui faire présent de sa part, en souvenir

de lui, d'un tableau de grand prix qui représentait saint Sébastien, ainsi que des statues
des deux captifs de Michel-Ange, qui ornaient
alors la façade du château d'Écouen et qui
font aujourd'hui partie des collections du
Louvre [1]. L'âme vaillante de Montmorency
s'élevait de plus en plus au-dessus des choses de la terre . vanité, ambition, gloire,
passions, n'étaient plus à ses yeux que des
objets sans valeur, perdus dans la poussière
de la vie; il ne regardait plus qu'en haut.

Le souvenir de Marie-Félicie, sa noble
et vertueuse compagne, s'unissait seul dans
son cœur à ces pensées si religieuses et si
élevées; il savait que pour elle l'heure de sa
mort serait celle d'une douleur infinie, qui
ne pourrait plus être consolée; n'avait-il pas
aussi à la remercier des jours de bonheur
qu'il lui devait? Voici la lettre qu'il lui écrivit alors; on y lit son âme tout entière :

« Mon cher cœur, je vous dis le dernier

1. Simon du Cros, p. 289. — Récit du père Arnoux.

adieu, avec une affection pareille à celle qui a toujours été parmi nous. Je vous conjure par le repos de mon âme, que j'espère être bientôt au ciel, de modérer vos ressentiments et de recevoir de la main de notre doux Sauveur cette affliction. Je reçois tant de grâces de sa bonté que vous devez avoir tout sujet de consolation. Adieu, encore une fois, mon cher cœur [1]. »

La poignante tristesse de cette séparation prématurée arrachait malgré lui des pleurs à cet homme si fortement trempé ; il lui fallait toute l'énergie de sa foi, pour réprimer les pensées de révolte qui l'obsédaient : « Mon père, disait-il à son confesseur, cette chair voudrait bien se ressentir et murmurer, mais nous l'en empêcherons, avec la grâce de Dieu ! [2] ».

Le soir de ce jour, M. de Lavaupot vint

1. Simon du Cros, p. 289. — Cotolendi, p. 69. — Mgr Fliche, t. Ier, p. 186.
2. Simon du Cros, p. 290. — Récit du P. Arnoux.

de la part de Gaston d'Orléans se jeter aux genoux du roi pour implorer sa clémence en faveur de celui qu'il avait perdu; son égoïsme laissait enfin quelque place à ses remords. Louis XIII fut inflexible; il se contenta de répondre que désormais l'affaire était entre les mains du parlement. Des rois, des princes, des États, s'étaient déjà émus pour sauver l'illustre prisonnier : Charles Ier, à la demande de Henriette de France, le duc de Savoie, sans rancune de sa défaite, la république de Venise, le pape Urbain VIII lui-même, avaient intercédé pour lui ; mais toutes ces démarches n'avaient eu d'autres résultats que de rendre la perte de Montmorency encore plus certaine. Le cardinal pouvait-il épargner un homme qui avait tant d'amis, et de si puissants? Aussi repoussa-t-il avec la même opiniâtreté les prières de la princesse de Condé et du duc d'Angoulême.

La nuit qui suivit fut lugubre dans la

ville de Toulouse ; l'armée entière, campée
aux environs, y entra ; toutes les maisons
regorgaient de soldats ; ce n'était partout
dans les rues qu'effroi et confusion. Seul,
au milieu de ce tumulte, le prisonnier dor-
mait d'un sommeil tranquille, « comme
si, étant sous la garde des anges, il ne
pouvoit être inquiété par les autres créa-
tures [1]. »

De grand matin, il appela son chirurgien,
et l'ayant fait approcher de son lit : « Loué
soit Dieu, lui dit-il, qui m'a voulu délivrer
des troubles, où la considération des dangers que j'appréhendois pour ma femme me
jetoit à tout moment ; je me remets en tout
à sa providence des soins inutiles que je
prenois pour ce sujet. Tu lui diras que je lui
recommande deux choses : l'une de pardonner, comme je fais de bon cœur, à mes
ennemis ; l'autre, d'excuser les déplaisirs
que je lui puis avoir donnés, tant que nous

1. Simon du Cros, p. 291.

avons été ensemble [1]. » Il se rendormit ensuite, et à sept heures du matin le P. Arnoux,
à sa grande surprise, fut obligé de le ré-
veiller; le calme de la conscience de son
pénitent devint pour lui un sujet d'admiration, lorsque, posant le doigt sur son pouls,
il lui trouva cette régularité parfaite, que le
courage seul ne peut pas donner. Le duc
se leva, et comme le chirurgien s'approchait pour panser ses blessures, il lui dit :
« L'heure est venue de guérir toutes ces
plaies par une seule. »

Le comte de Charlus, capitaine des gardes,
vint alors le prendre et le conduisit en carrosse au palais : les rues étaient bordées des
gardes françaises et suisses ; le reste de l'armée restait sous les armes. Le duc fit son entrée dans la salle, où le parlement était assem-
blé, avec la même assurance et la même
dignité que s'il se fût agi pour lui de pré-
sider les États de la province. Dans le nouvel

1. Simon du Cros, p. 291.

interrogatoire que lui fit subir le garde des
sceaux Chasteauneuf, il ne chercha point à
se disculper; loin de là, il pensait plutôt à
se charger, pour établir à ses dépens l'innocence de ceux qui s'étaient le plus com-
promis dans la rébellion; il parvint ainsi à
en sauver deux qui étaient déjà en prison.
Les juges pouvaient à peine dissimuler l'admiration que leur causaient tant de courage
et tant d'abnégation. Cependant la loi était
formelle : il fut condamné à mort pour crime
de lèse-majesté. On le ramena ensuite au
Capitole, et, n'ignorant pas qu'une fois l'arrêt
prononcé on ne devait plus le laisser rentrer
chez lui, il demanda un costume blanc d'une
grande simplicité qu'il avait fait préparer à
Lectoure, pour s'en revêtir au moment de
monter sur l'échafaud. Tandis qu'il procé-
dait à cette funèbre toilette, le P. Arnoux et
les jésuites qui l'accompagnaient n'es-
sayaient même pas de cacher leurs larmes ;
les soldats de garde, tête nue, debout et sans

armes, restaient plongés dans une muette consternation.

En ce moment, le comte de Launay retourna près du roi pour faire une dernière tentative en faveur de son prisonnier; le maréchal de Chastillon se joignit à lui, et tous deux vinrent s'agenouiller en silence devant le roi, espérant encore une parole de clémence : Claude de Rebé, archevêque de Narbonne, dans un discours pathétique[1], le vieux duc d'Épernon, par une lettre tou-

1. En voici la péroraison : « Sire, vous vous souviendrez, s'il vous plaist. que vous estes père, aussi bien que juge de vos peuples, que vous estes pasteur, puisque vous estes roy et que vous estes pasteur, père, juge et roy très chrestien, ce qui vous oblige à estre miséricordieux, aussi bien que juste ; souvenez-vous encore, sire, que la sévérité n'est pas tousjours un asseuré remède pour guérir les maulx d'un Estat et que la rigueur du droict est quasi toujours censée une injure. Auguste, employant la douceur du pardon, et se servant de sa clémence ordinaire contre son propre sentiment, destourna plus de conspirations de son Estat et de sa personne, qu'il n'avoit faict par le fer et le feu. » (*Procès verbal des États tenus à Béziers au mois d'octobre* 1632.)

chante, le duc de Saint-Simon, favori du roi, tous les seigneurs de la cour enfin, venaient déjà d'employer leur crédit en faveur de la même cause [1]; mais Louis XIII resta inébranlable; sa seule réponse fut « qu'il ne serait pas roi, s'il avait les sentiments des particuliers [2] ».

Il était déjà midi et le duc n'avait encore rien mangé; on lui présenta un bouillon, mais sa blessure de la gorge le lui fit trouver amer; il en souffrait davantage depuis quelques jours. Il se mit alors en prière avec le P. Arnoux, s'arrêtant d'un moment à l'autre pour lui faire des questions sur l'avenir de son âme, pour savoir si, lorsqu'elle irait en paradis, comme il l'espérait, Dieu lui permettrait encore de s'occuper des personnes aimées qu'il laissait en ce monde; le

1. « M le cardinal de Richelieu joua icy à merveille, car il intercéda pour son ennemi ; il parla, il pleura, il loua, mais ses louanges furent l'oraison funèbre. » *Mémoires* de Goulas, t. Ier, p. 206.)

2. Simon du Cros, p. 297.

père le rassura à cet égard. « O mon Dieu, s'écria Montmorency en baisant le crucifix, que vous me donnez de consolations que je ne mérite pas! » Et par un retour de sa pensée sur le sort de celle dont il allait se séparer : « La rudesse de cette catastrophe va blesser ma femme sans doute au plus intime de son âme, mais cette épreuve lui donnera bientôt une force plus dure que le diamant ; sa santé sera meilleure qu'elle n'a jamais été. Elle accomplira de grands desseins [1]!... » Il fit alors ses derniers remerciements à ceux qui l'avaient servi, et après avoir coupé la cadenette de cheveux qu'il portait au côté gauche, selon la mode du temps, il la remit au P. Arnoux, en le priant de l'envoyer à la duchesse avec la lettre qu'il lui avait écrite [2]. Il fit alors rapporter au roi son collier de l'Ordre et son bâton de maréchal, en l'assurant « qu'il

1. Mgr Fliche, t. Ier, p. 191.
2. Tallemant des Réaux, t. II, p. 309.

était fort repentant de l'avoir offensé et qu'il mouroit son très humble servi-teur [1] ».

On le fit descendre ensuite dans la cha-pelle du Capitole, où il entendit lire son arrêt de mort avec une fermeté et un calme parfaits : « Je vous remercie, dit-il aux commissaires du parlement, et vous prie de dire de ma part à tous ceux de votre corps que je tiens cet arrêt de la justice du roi, comme un arrêt de la miséricorde de Dieu. » Il se remit encore en prière et, après avoir reçu la bénédiction du P. Arnoux, il se laissa lier les bras ; alors de cet air si digne et si noble qui le distinguait entre tous et que rehaus-saient encore les blessures de son visage, il marcha, en levant fréquemment les yeux vers le ciel, jusqu'à la première cour du Palais. L'échafaud avait été dressé au pied de la statue de Henri IV, son parrain ; il y monta, se plaça de lui-même et en disant :

1. *Mémoires* de Puységur, t. Ier, p. 134.

« Seigneur Jésus, je vous remets mon âme ! » il reçut le coup mortel.

Tous les assistants se pressèrent alors pour recueillir son sang : officiers et soldats y trempaient leurs armes, comme s'il devait les rendre invincibles ; on se disputait la terre et les pierres qui en étaient imprégnées. Mme de Gramont, à laquelle le duc avait confié le soin de son corps, vint le prendre dans un carrosse de deuil et le fit porter à Saint-Sernin, où le cardinal de la Valette avait donné l'autorisation de l'ensevelir ; sa mort si édifiante lui valait l'honneur d'obtenir une place dans cette antique église, où, depuis que Charlemagne y eut fait porter les corps des apôtres, on n'avait jamais inhumé que des martyrs et des saints canonisés. Il fut embaumé et mis dans un cercueil de plomb ; son cœur devait être conservé dans la chapelle des pères Jésuites [1].

1. Simon du Cros, p. 299 et 300.

Ainsi périt, à l'âge de trente-sept ans, la plus glorieuse victime de la politique implacable de Richelieu, Henri II de Montmorency, maréchal de France, fils et petit-fils de connétables. Sans doute il avait été coupable, et sa condamnation ne fut pas une injustice, mais qui plus que lui avait droit à la clémence? Quelles qu'aient pu être d'ailleurs les erreurs de sa vie, l'expiation fut terrible et sa mort digne de ce qu'il était : un chrétien, un gentilhomme et un soldat.

XVI

Une douleur sans limites

Deux religieux de l'ordre de Saint-François avaient été chargés de porter la fatale nouvelle à la duchesse de Montmorency, de lui rendre la lettre écrite par son époux au moment de sa mort et de tâcher en même temps de lui faire accepter toutes les consolations divines et humaines, qui seraient en leur pouvoir. Bien qu'à leur arrivée elle ne connût pas encore toute l'étendue de son malheur, ils la trouvèrent dans un tel état de désespoir, qu'ils ne se sentirent pas le courage d'accomplir en entier leur mission. « La princesse, dirent-ils au retour, n'a pu répondre à nos premières paroles que par des sanglots ; il ne reste sur son visage d'autre signe de vie que le flux continuel de ses larmes. Nous avons craint les plus fâcheux accidents [1]. » Cependant la mort du duc n'était plus un secret pour ses domestiques, et la maison avait pris un air de consternation et de deuil, qui ne pouvait échapper longtemps à l'infortunée Marie-Félicie; elle comprit que la mesure du malheur était comble. Le poids de la douleur devint alors trop lourd pour elle, et une sorte de léthargie morale et physique s'empara de toute sa personne : elle n'avait plus la force de penser.

Après ces premières heures d'inconscience, elle s'enferma dans sa chambre, refusant de voir personne et passant les nuits en prière; on l'entendait s'écrier parfois, au milieu d'un déluge de pleurs : « Je n'aimais que lui, mon Dieu! et vous me l'avez ôté pour n'aimer que vous! » Mais à mesure qu'elle ressentait plus vivement les

1. Mgr Fliche, t. 1er, p. 194.

morsures de la douleur, une lutte désespé-
rée s'engageait dans son âme; elle savait
que l'amour de Dieu lui faisait un devoir du
pardon des injures, mais d'un autre côté le
souvenir de la sévérité du roi, de l'abandon de
Gaston d'Orléans et de la cruauté de Richelieu
la torturait à ce point, qu'elle n'avait plus la
force de pardonner; la haine se glissait dans
son cœur : l'amertume du sacrifice qui lui
avait été imposé ne dépassait-elle pas les
bornes de la résignation humaine?

Sur ces entrefaites, elle apprit que le roi
pensait à la faire arrêter, parce qu'on l'accusait de plus en plus fortement d'avoir
excité son mari à la rébellion. Ses amis lui
conseillèrent de profiter du séjour de
Louis XIII à Toulouse, pour aller auprès
de lui justifier sa conduite. Dans la disposition d'esprit où elle était, Marie-Félicie se
refusa nettement à cette démarche, autant
par dignité personnelle, que parce que, sûre
de son innocence, elle était bien aise de

souffrir en mémoire de son époux. Comme ses amis insistaient dans l'intérêt de ses affaires : « Qu'importe pour moi? leur dit-elle, je n'ai plus rien à craindre ni à espérer des hommes. » Lorsque l'arrêt de confiscation des biens de Montmorency lui fut signifié, elle poussa l'abnégation personnelle au point d'abandonner en même temps tous les objets qui lui appartenaient en propre.

Le P. Arnoux, qu'un ordre formel du roi retenait à Toulouse, avait écrit à la malheureuse veuve les derniers détails de la mort de son mari ; il lui avait rendu compte de son attitude héroïque, de sa piété fervente et des paroles si touchantes et si nobles qu'il avait entendues de sa bouche dans ses derniers moments ; il l'exhortait à pardonner comme lui à ses ennemis, à rejeter de son cœur tout sentiment de haine et à consacrer désormais à Dieu tout ce qu'elle avait d'amour dans son âme.

Pour moi, ajoutait-il, le ministère que

j'ai exercé auprès de celui que vous pleurez est une des grandes grâces que je pouvais recevoir en cette vie. » Ces exhortations, les lettres et le portrait de son mari, qu'elle ne quittait plus, ses larmes, qui ne tarissaient pas, attendrirent son cœur : elle se soumit enfin à la volonté de Dieu sans murmures, sans ressentiment contre ceux qui lui avaient fait tant de mal, et un calme relatif, ce calme qui se trouve au fond de l'abîme, s'établit dans son âme; mais le corps resta toujours en proie aux crises les plus aiguës.

Tout à coup un exempt, accompagné de deux officiers, se présenta à la Grange de Pézenas; il venait de la part du roi signifier à madame de Montmorency l'ordre de quitter le Languedoc, en lui laissant le choix pour sa résidence, qui allait devenir une prison, entre les trois villes de la Fère, de Montargis et de Moulins. La duchesse n'hésita pas à désigner cette dernière ville,

comme la moins éloignée de la tombe de
son mari, et fit faire aussitôt les préparatifs
du départ. Dans l'exécution de son mandat,
l'exempt montra une telle rigueur, que,
malgré les supplications des gens de Marie-
Félicie, qui lui représentaient son état de
faiblesse extrême, il se refusa absolument
au moindre retard. Il fallut donc quitter la
Grange, sans pouvoir emporter aucun des
objets mobiliers, tout ce qui dépendait de
l'habitation du gouverneur étant compris,
comme nous l'avons dit, dans la confiscation des biens de Montmorency, et la duchesse, qui n'avait pas encore la disposition
de l'argent qui lui appartenait personnelle-
ment, dut emprunter une faible somme,
pour subvenir aux premiers frais de route.
Quel contraste entre ce triste départ et ses
voyages d'autrefois à travers la province ! Au
milieu des larmes de tous ceux qu'elle avait
si longtemps secourus et consolés, qu'elle
laissait maintenant orphelins, on la porta

dans un carrosse, et elle ne put se dérober aux adieux désolés de la foule qu'en prenant le chemin de l'exil. Souvent, malgré son courage, les cahots lui arrachaient des plaintes, et elle était obligée parfois de faire arrêter sa voiture, tant ses souffrances devenaient intolérables. Après plusieurs jours d'extrême fatigue, on arriva à Lyon, où elle put prendre un peu de repos; mais, comme ses ressources précunaires étaient épuisées, il fallut vendre quelques-uns de ses chevaux de carrosse, pour faire face aux dépenses nécessaires.

Pendant son séjour à Lyon, une grande consolation lui fut refusée : ayant appris que la mère de Chantal se trouvait en ce moment au couvent de Bellecour, elle avait manifesté le plus vif désir de la voir et de s'entretenir avec elle ; mais le frère du ministre, Alphonse de Richelieu, archevêque de Lyon, s'opposa nettement à cette entrevue : « Je ne comprends pas, dit-il, que cette veuve, qui se prétend si affligée, puisse s'attacher encore à quelque chose en ce monde. » Il fallait que la vengeance du cardinal la poursuivît jusque dans sa douleur. Elle dut se contenter d'envoyer sa dame d'honneur, pour témoigner à la sainte fondatrice de la Visitation le chagrin que lui causait l'impossibilité de la voir, en la conjurant de se souvenir d'elle devant Dieu. Mme de Chantal s'empressa de lui répondre par la lettre la plus tendre, en lui recommandant de se donner entièrement à Dieu et en l'assurant que ses malheurs étaient comme des échelons, par lesquels elle parviendrait à la plus haute perfection[1].

A son arrivée à Moulins, le 18 novembre 1632, l'exempt conduisit la duchesse au château, vieux bâtiment délabré, qui manquait absolument du nécessaire ; il fallut emprunter quelques meubles aux religieuses du pauvre monastère de la Visitation : la mère

1. L'abbé Bougaud, *Histoire de Ste Chantal*, p. 498.

de Chantal leur avait écrit de faire pour Mme de Montmorency tout ce qui serait en leur pouvoir. Telle était la prison où elle devait attendre le bon plaisir du roi; elle y fut rigoureusement enfermée, et l'exempt ne lui permit de voir personne qu'en sa présence. On ne lui laissait pas ignorer à quel point sa conduite était incriminée à la cour et que, sous le poids des reproches qu'on lui adressait, ses amis eux-mêmes étaient ébranlés : elle pouvait donc s'attendre à ce qu'on lui donnât des juges, comme on l'avait fait pour son mari; mais rien ne lui causait plus ni effroi ni défaillance : elle voyait plutôt dans cette condamnation possible la fin tant désirée de son supplice.

Retirée au château dans le cabinet le plus obscur, éclairé seulement par la lumière des flambeaux et dont tout l'ornement consistait dans un grand crucifix d'ivoire et dans le portrait en miniature du duc de Montmorency, elle s'adonnait sans relâche à la lecture des livres saints : ayant étudié le latin à Florence, elle pouvait les lire dans cette langue, et elle y trouvait un charme infini. En même temps elle se laissait aller de plus en plus au détachement de tous les liens d'ici-bas et à l'abandon absolu de sa réputation, de ses biens et de sa vie aux ordres de la Providence. Elle crut alors devoir recourir encore une fois aux conseils du P. Arnoux, et lui écrivit pour les lui demander, puisqu'elle ne voulait plus appartenir qu'à Dieu seul. Elle ajoutait : « La créature est-elle autre chose que le vide rempli par l'action du Créateur[1]? »

La réponse du religieux ne se fit pas attendre ; elle était telle qu'elle pouvait la désirer dans la disposition de son âme : Marie-Félicie y puisa le courage de souffrir sans murmures, et cette correspondance devint la plus chère de ses occupations.

1. Mgr Fliche, t. Ier, p. 219.

Cependant, en dépit de ses fermes résolutions de s'abandonner sans arrière-pensée aux arrêts du ciel, quelquefois le souvenir de son bonheur passé devenait trop cuisant, pour qu'elle pût résister à l'envie d'en finir avec son désespoir. « Un jour, nous raconte Mlle de Montpensier[1], qu'elle étoit dans son petit cabinet toute seule, occupée de la perte qu'elle avoit faite (il est certain que personne n'a jamais eu une si véritable douleur, ni ne l'a poussée plus loin par la perte de son mari, dont elle n'est pas encore consolée), elle vit sortir d'une muraille un petit serpent, ce qui est assez ordinaire dans de vieux châteaux et inhabités; elle avança son pied dans le dessein que ce serpent la mordît. Elle sentoit quelque joie de pouvoir avancer ses jours, pour aller retrouver celui qui causoit sa douleur. Dans ce moment, il entra une dame qui étoit à elle; le ser-

1. Mlle de Montpensier, *Mémoires*, t. IV, p. 129. (Édition de 1730.)

pent entendit du bruit et s'en alla. Elle conta cela à cette dame, qui lui en fit un scrupule et la fit souvenir qu'elle étoit chrétienne. »

XVII

Une année se passa ainsi : le roi, touché
enfin de la résignation et des vertus de la
noble veuve, sur laquelle la calomnie s'était
trop acharnée, lui fit savoir que non seulement sa vie n'était pas menacée, mais
qu'il lui donnait la liberté de se promener
hors du château et d'y recevoir des visites,
sans toutefois qu'il lui fût permis de sortir
de la ville de Moulins. En même temps, on
lui fit comprendre la nécessité de mettre
en ordre ses affaires d'argent, dans lesquelles la mort de son mari avait apporté le
plus grand trouble : quoique ces tristes détails fussent pour elle un nouveau sujet de
chagrin, la duchesse s'y appliqua comme à

un devoir sacré ; sa fortune n'était-elle pas
désormais le patrimoine des pauvres ? Son
intérêt personnel n'y était pour rien, car
elle commença par signifier qu'elle se
refusait à redemander les sommes, à elle
appartenant, qui avaient été mises sous le
séquestre par les officiers du roi : « Non
disait-elle, je ne réclamerai rien de cet or
et de cet argent d'un jour à ceux qui m'ont
ôté plus que la vie. »

Nous ne surprendrons personne en disant
que, dans les délicates négociations moti-
vées par les embarras presque inextricables
de ses affaires, Marie-Félicie montra un
désintéressement absolu envers son beau-
frère le prince de Condé, auquel le roi
avait accordé la confiscation des biens de
Montmorency, et qui avait cru pouvoir
l'accepter sans honte. La duchesse avait
fait inventorier avec la plus stricte exactitude le mobilier, la vaisselle d'argent, les
pierreries et tous les autres objets précieux

provenant de la succession de son mari : elle remit à son beau-frère jusqu'au dernier bijou qui lui avait appartenu, sans en excepter même les diamants qu'elle lui avait apportés, et qui provenaient des dons de la reine mère et de la grande-duchesse de Toscane. Quoique Marie-Félicie ne l'eût pas réclamé, le prince de Condé, peu généreux pourtant d'habitude, lui garantit son douaire, en s'engageant à lui tenir compte des revenus, jusqu'à l'acquittement du capital de quatre cent cinquante mille livres. Marie de Médicis lui devait encore sur sa dot cinquante mille écus, et le roi lui fit savoir par un courrier que des ordres avaient été donnés pour payer dans le plus bref délai les sommes que lui redevait le trésor royal. Montmorency avait légué à la maisons des Jésuites de Toulouse dix-huit mille livres, pour construire dans leur église une chapelle, où son cœur devait être déposé ; la duchesse tint absolument à prendre cette dépense à sa charge : c'était à ses yeux une dette d'honneur envers son malheureux époux, qu'elle ne voulait laisser à aucun autre le soin d'acquitter.

Cependant, si adoucie que fût la captivité de Mme de Montmorency, la ville de Moulins n'était toujours pour elle qu'une prison agrandie, et Louis XIII ne semblait pas disposé à pousser plus loin ses concessions : le cardinal restait intraitable. Cette rigueur, que rien ne pouvait plus motiver, désolait les ducs de Bracciano et de San Gemini, frères de la duchesse, qui avaient formé le projet de la rappeler auprès d'eux ; mais les princes Orsini n'étaient pas alors en faveur à la cour de France et ils n'osaient plaider directement la cause de l'illustre veuve. Seul, l'un de ses frères, qui appartenait à l'ordre des Carmes déchaussés, se décida à tenter l'entreprise de sa délivrance ; parti de Rome vers la fin de 1633, il alla droit à Paris et obtint d'abord du roi l'autorisation de voir sa sœur à Moulins. Il la connaissait à peine, s'étant trouvé séparé d'elle depuis son enfance, et il fut singulièrement frappé, en la voyant, des trésors de charité, de foi et de patience qu'il découvrait en elle : il retourna donc à la cour avec un zèle encore plus ardent, pour travailler en sa faveur. On lui accorda enfin pour elle l'autorisation de se rendre aux eaux de Bourbon, que les médecins jugeaient indispensables à sa santé, mais à la condition qu'elle y serait toujours accompagnée de l'exempt et de ses deux gardes.

Les eaux et un traitement douloureux, destiné à rendre la souplesse à son corps courbé par une affection qui tenait de la paralysie, amenèrent d'assez heureux résultats : elle commença à marcher plus facilement et peu à peu elle reprit des forces : ce fut pour elle un moyen de se livrer avec plus de persévérance et d'assiduité à ses exercices religieux.

Il nous faut raconter ici un fait étrange, que nous trouvons dans la dernière biographie de Mme de Montmorency et qu'attestent les documents authentiques du couvent de la Visitation. Depuis longtemps la duchesse avait demandé à Dieu, par les plus instantes prières, la faveur de lui faire connaître au juste l'état présent où se trouvait son mari : était-il en pleine jouissance de la gloire du ciel? souffrait-il encore au purgatoire? Elle réitérait sans cesse cette demande, avec l'espérance inébranlable de l'obtenir. Nous laissons la parole à l'auteur de la vie de Marie-Félicie.

« Un matin qu'elle sommeillait doucement, il lui sembla voir apparaître M. de Montmorency : il avait un des costumes qui lui étaient habituels autrefois. Écartant les rideaux dont elle était enveloppée, il s'assit sur le bord du lit, ainsi qu'il lui arrivait quand elle était malade, et la regardant gravement, mais d'un œil doux et joyeux :

« Me voici, lui dit-il, avec la permission de
« Dieu, puisque vous m'avez souvent de-
« mandé. Que voulez-vous savoir? — Où
« vous avez mérité d'être placé par la main
« du Seigneur, répondit-elle avec une vive
« émotion. — Ah! que Dieu est bon! dit le
« duc; je suis heureux de son bonheur
« même : je suis parmi les élus. — Mais,
« repartit Marie-Félicie, quelle est surtout
« celle de vos actions qui vous a fait accor-
« cette grâce souveraine? — La facilité
« avec laquelle j'ai pardonné. Dieu m'a fait
« miséricorde, parce que je me suis montré
« miséricordieux envers ceux qui avaient sou-
« haité ma mort! » Ces parole rappelèrent à la
duchesse une personne morte tout récem-
ment, qui avait été l'un de leurs ennemis les
plus acharnés. « Qu'est-il devenu? » demanda-
t-elle précipitamment ; mais le duc, d'un ton
sévère : « Ne vous informez pas de ce qui
« concerne ceux que Dieu seul doit juger.
« N'est-ce point assez de l'assurance que je

« vous donne pour moi, qui ne suis qu'un au-
« tre vous-même? Pardonnez de cœur à vos
« ennemis et aux miens ! » Et il disparut.

« La duchesse s'était réveillée en sursaut.
Elle appela la femme de chambre qui se
trouvait dans la pièce voisine, pour savoir
l'heure qu'il était. Celle-ci fut fort surprise
de trouver les rideaux grands ouverts; elle
était bien certaine de les avoir fermés la
veille, et la paralysie de la duchesse n'avait
pas pu lui permettre de les ouvrir ainsi. Il
y avait de plus un affaissement sur le lit, à
l'endroit où le duc s'était assis. Comment
expliquer ce double mystère? Et qui eût pu
pénétrer jusqu'à Mme de Montmorency à
l'insu de ses nombreux domestiques[1] ? »

Ce ne fut pas la seule manifestation de
ce genre, qui vint hanter l'imagination sur-
excitée de Marie-Félicie. On nous en cite
deux autres, dans l'une desquelles elle crut
reconnaître que Dieu ne voulait pas encore

1. Mgr Fliche, t. Ier, p. 246.

la rappeler à lui ; toute sa mission sur cette terre n'était pas accomplie, elle était appelée à édifier le monde par de nouveaux exemples de piété et de vertu.

Pendant ce temps-là, le P. Orsini travaillait sans relâche à la cour pour obtenir l'entière liberté de sa sœur ; sa tâche ne laissait pas que d'être assez pénible, il lui fallait combattre un à un tous les préjugés que les ennemis de la duchesse avaient amoncelés contre elle. On l'avait représentée au roi comme une ennemie, d'autant plus dangereuse qu'elle cachait sous des dehors de calme et de piété les plus noirs desseins ; on lui avait peint l'amour que les peuples du Languedoc avaient conservé pour elle, en même temps que pour la mémoire de son mari, le désir qu'on lui supposait de sacrifier, au besoin, sa vie à venger ses injures, et on disait que le premier usage qu'elle ferait de sa liberté serait de parcourir la province, en excitant les

sujets du roi à la révolte. Heureusement la
calomnie dépassa le but, et Louis XIII qui,
au fond du cœur, avait conservé pour elle
un peu de l'admiration d'autrefois, finit par
céder aux instances du moine italien. Le P.
Orsini put retourner à Moulins, apportant
avec lui la lettre de grâce, par laquelle le
roi donnait à la duchesse la liberté de se
retirer où elle voudrait, en la délivrant de
l'exempt et de ses gardes. La reine Marie de
Médicis lui adressait en même temps une
lettre de félicitations et d'amitié.

Bientôt après, Gaston d'Orléans, qui passait par Moulins, voulut lui rendre visite ;
mais craignant que sa présence ne rouvrît
bien des blessures, il lui fit demander si elle
était en état de le recevoir. Elle y consentit,
et le prince, qui avait tant à se faire pardonner, la trouva si pâle et si défaite, qu'il
en fut touché jusqu'aux larmes : « Elle m'a
parlé comme une sainte, dit-il en sortant
de cette pénible entrevue ; ses ennemis

sont ceux de qui elle ne dit rien[1]. »

Le P. Orsini, qui était revenu au commencement d'avril 1634, passa deux mois
près de sa sœur. Pendant ce séjour, il fit
tous les efforts imaginables pour la décider
à l'accompagner en Italie, où sa famille
l'appelait de tous ses vœux ; l'affection des
siens, la distance même, seraient le meilleur refuge contre la cruauté de ses souvenirs ; mais toutes ces tentatives restèrent
infructueuses. La patrie de son époux était
devenue celle de son cœur ; ne renfermait-
elle pas la tombe de celui qui, vivant ou
mort, remplissait sa vie ? La pensée de
quitter la France ne s'arrêta pas un instant
dans son esprit. Son frère reconnut bientôt
que sa résolution était inébranlable, et, en
partant pour Rome, il se sépara d'elle avec
un attendrissement mêlé d'admiration, qu'il
ne cherchait pas à dissimuler.

Aussitôt qu'il l'eut quittée, Marie-Félicie

1. Cotolendi, p. 103.

écrivit au P. Arnoux, que, par respect pour
la mère de Chantal et par vénération pour
saint François de Sales, elle était décidée à
se retirer au couvent de la Visitation de
Moulins ; cette détermination fut hautement approuvée par le pieux directeur.
Elle prit donc pour cela toutes les dispositions nécessaires, se choisit dans le monastère un appartement d'une simplicité excessive, et le 9 août 1634, après avoir installé
ses gens dans une grande maison voisine du
couvent, elle quittait le château pour s'établir chez les filles de Sainte-Marie, qui
saluèrent son arrivée, comme celle d'un
rayon de lumière divine pénétrant dans
leurs cellules.

XVIII

Sainte Chantal.

Nous n'entreprendrons point de suivre
pas à pas la duchesse de Montmorency dans
ce chemin de la perfection, où elle faisait
de si rapides progrès. Nous devons dire
seulement que, bien qu'aucun vœu ne la
rattachât encore à l'ordre de la Visitation,
elle n'accomplissait pas moins, avec autant
d'humilité que d'exactitude, les règles les
plus austères de la communauté. Dans plus
d'une circonstance, la supérieure, mère
Marie-Angélique de Bigny, fut obligée de
modérer son zèle, qui dépassait toujours la
mesure de ses forces. L'année suivante,
1635, on l'envoya de nouveau aux eaux de
Bourbon, qui lui avaient déjà été si salu-

taires, et cette fois elle y trouva une guérison presque miraculeuse, tant elle fut rapide. C'était comme une résurrection.

Le couvent de la Visitation de Moulins, de fondation récente [1], était si pauvre, que les mortifications de toute nature imposées par la règle en étaient sensiblement aggravées; les religieuses se voyaient surtout privées par là du bonheur de faire l'aumône autour d'elles. Mme de Montmorency regarda comme un devoir de venir au secours de cette détresse, et, grâce à ses dons généreux, la communauté vit bientôt son avenir assuré, avec la possibilité de répandre des bienfaits, qui la firent regarder comme la providence du pays. On a dit de la duchesse que, sans orgueil, elle était grande : jamais une misère ne venait à elle sans qu'elle s'en allât consolée; sa charité était si persuasive, que les magistrats eux-mêmes, malgré la rigidité

1. Il avait été fondé en 1618.

des lois, ne pouvaient s'empêcher de s'associer à ses bonnes œuvres. Que de procès elle parvint ainsi à éteindre !

Là encore elle retrouvait un souvenir de son mari : elle avait su terminer en Languedoc tant de contestations délicates, qu'en revenant de voyage, Montmorency lui disait toujours avec un sourire : « Mon cœur, combien de jugements avez-vous rendus pendant mon absence? » A quel nombre de débiteurs elle épargna la prison! Que de querelles de familles elle put apaiser! Toutes les infortunes d'ici-bas étaient de son domaine, et chacune de celles qu'elle pouvait soulager adoucissait un peu l'amertume de ses propres maux.

Elle se préoccupait surtout du bien qu'elle pouvait faire aux anciens serviteurs et aux compagnons d'armes de son mari. Aussi lui arrivait-il de toutes parts, même des pays étrangers, des nuées de solliciteurs, qui tous avaient, disaient-ils, rendu à M. de Montmorency d'inappréciables services. Marie-Félicie les accueillait avec une bonté parfaite, et toujours ils emportaient d'abondantes preuves de sa générosité. Quelquefois l'affluence de ces visiteurs intéressés devenait si grande, que la femme de service à la porte s'écriait avec impatience : « Mme la duchesse les verra venir, je crois, du monde entier; les *mousquetiers* de M. le duc n'en auront jamais fini ! »

En 1638, il fut enfin donné à Marie-Félicie de voir la mère de Chantal, qu'à son grand regret elle ne connaissait encore que par lettres : la vénérable amie de Saint-François de Sales, en se rendant à Paris, voulut s'arrêter à Moulins et passer quelques instants près de la duchesse, qui, nous le savons, avait été privée à Lyon d'une entrevue, ardemment désirée, avec cette grande sainte. Dieu sait par quels épanchements l'âme si cruellement endolorie de la noble veuve sollicita les conseils d'une directrice aussi éclairée; qui, mieux qu'elle pouvait la comprendre? Pendant les huit jours que la mère de Chantal passa à Moulins, elle éprouva une véritable admiration pour la rare piété, la prudence et l'humilité de Mme de Montmorency; aussi ne trouva-t-elle rien de mieux à faire que de recommander à ses filles de la Visitation de ne prendre aucun parti dans les questions spirituelles ou temporelles du monastère, sans avoir auparavant demandé l'avis de Marie-Félicie : de cette manière elles seraient certaines de ne commettre jamais aucune erreur.

Les jours s'écoulaient rapidement dans les entretiens de cœur à cœur, où ces deux servantes de Dieu s'entendaient si bien, et lorsque le moment de la séparation fut arrivé, elles se promirent de les continuer par une correspondance non interrompue, qui fut pour la mère de Chantal une source d'édification et pour son amie un remède efficace aux blessures de son âme. Marie-Félicie y puisait en même temps la résolution, qu'elle devait exécuter plus tard, d'entrer en religion dans cet ordre, où elle se conformerait avec tant de joie aux préceptes de la sainte fondatrice.

Privée de la présence du P. Arnoux, M.ᵐᵉ de Montmorency s'était mise sous la direction du P. de Lingendes[1], qui vint la voir plusieurs fois à Moulins; elle lui avait fait part de ses projets, et, après de mûres réflexions, il crut pouvoir lui donner l'autorisation de se préparer à les accomplir.

Pour commencer, la grande dame, habituée depuis son enfance à tout ce que le luxe a de plus raffiné, et qui avait toujours été « d'une délicatesse extrême sur tout ce qui touche à la propreté », se vêtit de la robe de bure, prit les souliers plats[2] des religieu-

---

1. Claude de Lingendes, supérieur de la maison professe des jésuites à Paris et l'un des meilleurs prédicateurs de la société : il était né en 1591 et mourut le 12 avril 1660.

2. On dit que ce qui parut le plus pénible à Mᵐᵉ de la

ses et fit même enlever le carreau de velours de son prie-Dieu. Ne pouvant dormir dans l'obscurité, il lui fallait toujours la nuit une lumière ou quelqu'un qui veillât près de son lit ; elle se condamna à passer la nuit dans les ténèbres. On la vit se livrer aux fonctions les plus viles de la communauté et aux soins les plus répugnants de l'infirmerie. Ses sacrifices ne devaient pas se borner là ; elle crut encore devoir se séparer définitivement des personnes qui composaient sa maison et qui ne l'avaient jamais quittée depuis son mariage. Nous savons à quel point elle était adorée de ses domestiques ; aussi cette résolution, dès qu'elle fut connue, donna-t-elle lieu à des scènes déchirantes : ses gens se refusaient absolument à l'abandonner, et Mme de la Berge, sa dame d'honneur, montra un tel désespoir qu'un

Vallière, à son entrée au couvent, ce fut de s'habituer à porter des souliers plats. Les dames de la cour avaient alors des chaussures à talons démesurément élevés.

moment la duchesse en fut ébranlée. Ce fut avec la plus grande difficulté qu'elle parvint à faire accepter à cette amie dévouée un appartement dans sa maison de la ville, en lui donnant l'espérance de la voir tous les jours. Plus tard, cette dame prit également le parti d'entrer au couvent. En même temps, la duchesse écrivait à la mère de Chantal pour la conjurer de hâter son retour, afin qu'elle pût recevoir de sa main le voile des novices. En effet, au commencement de l'année 1641, cette grande sainte, malgré ses fatigues et ses infirmités, venait, sur les pressantes démarches de Mme de Montmorency, d'être nommée supérieure de la maison de Moulins, en remplacement de la mère Hélène de Chastellux qui sortait de charge, et Marie-Félicie l'attendait avec une impatience fébrile.

Son esprit était tellement préoccupé du grand acte auquel elle se préparait, qu'elle avait écarté même de sa pensée le projet, conçu depuis longtemps, d'élever à la mémoire de son mari un monument digne de lui et digne d'elle. Ce fut seulement quelques années après qu'elle reprit ce dessein, qui nous a valu l'une des œuvres d'art qui font le plus d'honneur au dix-septième siècle.

La mère de Chantal, après avoir visité, sur son chemin, plusieurs maisons de son ordre, arriva d'Annecy à Moulins le 9 août 1641. « Mme de Montmorency la reçut avec des sentiments d'admiration et de joie que les historiens renoncent à décrire, et il se fit entre ces deux âmes une si intime union, que, au témoignage de sainte Chantal, elles étaient désormais indivisibles et inséparables [1]. » Marie-Félicie n'en éprouva pas moins une vive déception; la nouvelle supérieure refusa, malgré ses instances, de lui donner à cette époque le voile des novices : il fallait auparavant, lui dit sainte Chantal, que

---

1. L'abbé Bougaud. *Histoire de sainte Chantal*, t. II, p. 558.

l'arrangement de ses affaires temporelles fût
terminé, afin que rien d'ici-bas ne pût venir
la troubler, et qu'elle s'engageât pour l'avenir à ne pas enrichir la communauté de ses
dons, l'esprit de mortification et de pauvreté devant être avant tout maintenu. La
duchesse se soumit, non sans chagrin, à ces
prescriptions, qu'elle considérait d'ailleurs
comme la volonté de Dieu, et elle se mit en
mesure de remplir le plus exactement possible les conditions qui lui étaient imposées.

Ce premier renoncement ne fut pas le
seul que dut subir la pieuse et douce Marie-
Félicie : son amie, profondément touchée
des dispositions où elle la voyait, ne doutait
pas qu'elle ne pût l'amener à l'état complet
de perfection. « C'est mon ouvrage de délices, disait-elle aux sœurs assemblées, que
le cœur de la princesse. Je gagnerai plus
en une heure avec elle, laissez-moi le con-
fesser simplement, qu'avec vous, avec moi

surtout, pendant des années entières[1] ! »

Un jour, c'était l'anniversaire des derniers adieux de la duchesse à M. de Montmorency, la mère de Chantal l'avait trouvée toute en larmes : elle la conduisit dans sa chambre et la regardant avec attendrissement : « Or sus, chère madame, lui dit-elle d'un ton aussi grave qu'affectueux, c'est assez pleurer, il ne faudra plus le faire désormais. » Cette courte observation suffit pour arrêter les larmes de Marie-Félicie, mais ce ne fut pas tout : après que la supérieure l'eut quittée, elle s'enferma dans sa chambre, prit le portrait de son époux qui ne l'avait jamais quittée, et après l'avoir longtemps considéré, elle y appliqua ses lèvres en signe de suprême adieu ; elle enleva ensuite la table de diamant qui le couvrait et le jeta au feu, en détournant la tête. Le sacrifice le plus pénible que pût faire la duchesse était accompli ; la table de diamant orna

1. Mgr Fliche, t. II, p. 15

désormais l'ostensoir de la chapelle [1].

Pour la récompenser de cet acte d'héroïsme, qu'elle n'avait pas osé lui demander, la mère de Chantal crut devoir se dépouiller, en faveur de Mme de Montmorency, d'un portrait en miniature de saint François de Sales, qu'elle tenait de la propre main du saint évêque, et au dos duquel elle écrivit : « Mon bienheureux père, impétrez à ma très chère dame le souverain amour de notre bon Dieu, qui conforte et réjouisse son débonnaire cœur en toutes ses afflictions. Amen ! Amen ! [2] » Le précieux portrait est encore conservé au couvent de la Visitation de Nevers : la duchesse l'avait porté sur elle tout le reste de sa vie.

Sainte Chantal était à peine à Moulins depuis deux mois, lorque la reine Anne d'Au-

1. L'abbé Bougaud, *Histoire de sainte Chantal*, t. II, p. 558. — Cotolendi, p. 179.

2. Mémoires originaux de la vie de feue N. V. M. Marie-Félicie des Ursins, douairière de Montmorency. (*Manuscrit de la Visitation d'Annecy*).

triche, qui avait besoin de ses conseils et de ses lumières pour les établissements religieux dont elle s'occupait, lui demanda de venir auprès d'elle à Saint-Germain ; malgré son âge et sa mauvaise santé, la supérieure de Moulins crut devoir se rendre à cette royale invitation. Elle fut accueillie par la reine avec toutes les marques possibles de respect et d'admiration. «Je veux, ma mère, lui dit cette princesse, vous entretenir au long pour ma consolation, et recevoir vos avis. » Après une conversation qui, cette fois, se prolongea plus de deux heures, la reine présenta ses deux enfants à sainte Chantal, et, malgré son humble résistance, elle l'obligea à leur donner sa bénédiction, en les faisant mettre à genoux pour la recevoir.

La sainte supérieure était de retour à Moulins le 4 décembre, mais le bonheur qu'en éprouva Marie-Félicie ne devait pas être de longue durée : à peine arrivée, la

mère de Chantal fut prise d'une fièvre violente, qui mit aussitôt ses jours en danger.
Son corps, épuisé par les fatigues de l'apos-
tolat, n'offrait plus de résistance à la maladie.
La consternation fut extrême au couvent et
dans toute la ville : la duchesse se déses-
pérait, c'était une amie, une mère, qu'elle
était menacée de perdre ; elle offrit à Dieu
sa vie pour sauver celle qui lui semblait si
nécessaire, mais cet échange ne fut pas
accepté.

Le mal empirait chaque jour ; bientôt il
n'y eut plus de place pour le moindre rayon
d'espérance. La mère de Chantal réunit
alors autour d'elle ses filles du monastère :
« Il faut que je vous conjure, dit-elle d'une
voix presque éteinte, d'avoir un grand respect, une sainte révérence et une entière
confiance pour Mme de Montmorency. Je
vous la recommande comme une âme sainte,
à qui l'ordre a des obligations infinies pour
les biens spirituels et temporels qu'elle y a

faits. Je vous estime heureuses de l'inspi-
ration que Dieu lui a donnée à votre égard.
Elle vit parmi nos sœurs avec plus d'humilité, de bassesse et de simplicité que si elle
était une petite paysanne. Rien ne me touche
à l'égal de la tendresse où elle est de mon
départ de cette vie. Elle croit que vous la
blâmerez de ma mort [1], mais mes chères
filles, vous savez que la Providence ordonne
tous nos jours. Les miens n'auraient pas
été plus longs d'un quart d'heure, et ce
voyage a été d'un grand bien pour l'insti-
tut. »

Après avoir reçu tous les secours religieux, la sainte, reconnaissant que le dernier moment était venu, fit approcher Mme
de Montmorency et s'entretint longuement
avec elle de sa vocation ; après quoi, se sen-
tant épuisée, elle lui dit : « Adieu, madame,

1. Allusion aux instances faites par Mme de Montmorency pour obtenir que la sainte fût nommée supérieure du couvent de Moulins.

il nous faut séparer. Souvenez-vous quelquefois de moi [1] ! »

Aussitôt après sa mort, Marie-Félicie lui
ferma les yeux et lui baisa les pieds qu'elle
arrosa de ses larmes ; elle fit embaumer son
corps et donna des ordres pour qu'il fût
transporté à Annecy, où il devait, selon le
désir de la sainte, reposer auprès de celui
de saint François de Sales. La Visitation de
Moulins garda son cœur et ses deux yeux,
précieuses reliques qui se voient encore au
couvent de Nevers, et, par les soins de Mme de
Montmorency, la chambre où la sainte
était morte fut transformée en chapelle.
La duchesse s'empressa alors de mettre par
écrit les pieux conseils de la vénérable amie
qu'elle pleurait, et jamais conseils ne furent ni mieux ni plus religieusement suivis.

1. L'abbé Bougaud, t. II, p. 570.

XIX

Louis XIII et Richelieu à Moulins. — Mort de Marie de
Médicis. — Arrivée du corps de Montmorency.

Malgré son humilité et son détachement
de toutes choses sur la terre, Mme de Montmorency n'était pas oubliée à la cour ; ses anciens amis et ses obligés n'étaient pas tous des
ingrats, et quelquefois le parfum d'un souvenir reconnaissant arrivait jusqu'à elle.
Mairet, le poète de ses beaux jours, qui avait
chanté jadis, quand le ciel était sans nuages,
la gloire et le bonheur des deux époux :

Comme il n'est point de femme aimant comme Sylvie,
Aussi n'est-il point d'homme aimable comme lui.

Mairet avait dédié, en 1639, « à la très
haute, très vertueuse et très inconsolable
princesse », une de ses tragédies [1], et Si-

1. *Le grand et dernier Soliman*, Paris, 1639.

mon du Cros, l'un des compagnons d'armes les plus dévoués de son mari, écrivait pour elle la vie et les hauts faits de ce héros tant aimé.

Bientôt on vit le roi et le cardinal venir s'incliner devant cette grande douleur, qui pour eux peut-être était devenue un remords. Il semblait que sur le point, l'un et l'autre, de paraître en face du Juge éternel[1], ils eussent besoin de chercher auprès d'elle un premier pardon. Au commencement de 1642, Louis XIII et Richelieu se rendaient au siège de Perpignan, voyage qui devait être si fatal à Cinq-Mars et à de Thou ; ils s'arrêtèrent à Moulins. La duchesse assistait à genoux à l'un des offices de la communauté, lorsque le son des trompettes et des tambours lui annonça l'entrée dans la ville de ces deux hommes, dont l'influence avait été si terrible sur sa destinée. Un tremblement

1. Le cardinal mourut le 4 décembre 1642 et le roi Louis XIII quelques mois plus tard.

la saisit, assez violent pour que son prie-
Dieu en fût agité, et ses larmes coulèrent avec
une telle abondance, que les religieuses at-
tendries interrompirent pour un moment
les chants du chœur; mais, malgré ses angoisses intérieures, la duchesse n'en con-
tinua pas moins sa prière dans le plus profond recueillement.

En arrivant au château, Louis XIII s'empressa d'envoyer un de ses grands officiers
la saluer de sa part, le recommander à ses
prières et lui rapporter de ses nouvelles.
Le messager la trouva haletante encore
sous l'émotion qu'elle venait d'éprouver;
elle eut à peine la force de le charger de
témoigner au roi son étonnement qu'il eût
conservé le souvenir d'une personne aussi
malheureuse qu'elle et aussi indigne de
l'honneur qu'il lui faisait. « Monsieur, con-
tinua-t-elle, toujours les larmes aux yeux,
quand vous direz au roi ce que je vous
prie de lui dire, n'oubliez pas, s'il vous

plaît, de lui parler de ce que vous voyez. »

A peine s'était-elle retirée du parloir, qu'un page du cardinal vint aussi la complimenter au nom de Son Éminence ; cette fois il fallut à l'infortunée une force surnaturelle, pour supporter ce dernier coup. Elle revint en chancelant au parloir : « Monsieur, dit-elle à l'envoyé de Richelieu, témoignez à votre maître que mes larmes parlent pour moi et que je suis sa très humble servante. » En rentrant, elle disait aux religieuses : « Je prie le ciel que le monde m'oublie autant que je l'ai oublié[1] ! »

Quatre mois plus tard, à la fin de juillet, la duchesse apprenait la mort de la reine Marie de Médicis, qui, bannie de France, avait terminé à Cologne, le 3 de ce mois, sa vie tourmentée, dans le délaissement le plus absolu. Il n'avait même pas été permis à sa fille, la reine Henriette-Marie, qui était alors en Hollande, occupée à réunir des secours

1. Cotolendi. p. 196.

en hommes et en argent pour la cause de son époux Charles Ier, de se rendre auprès d'elle et de recevoir son dernier soupir. On sait les liens de parenté et d'affection qui rattachaient Mme de Montmorency à la reine mère ; cette fin solitaire et sans consolations émut profondément la noble veuve, dont l'amitié n'était pas de celles qui s'arrêtent au seuil de l'infortune. Elle fit faire à la feue reine un service magnifique dans la chapelle du couvent.

La fin de cette année allait lui apporter une autre nouvelle bien faite pour produire sur son âme une impression encore plus vive et plus saisissante. Marie-Félicie était au milieu de la communauté, lorsqu'on lui remit une lettre qu'elle ouvrit aussitôt ; à peine eut-elle lu les premières lignes, qu'on la vit tour à tour rougir, pâlir et fermer les yeux, sans proférer une parole. On voulut savoir quel pouvait être le motif de son émotion ; mais, s'approchant de la supérieure, elle lui dit quelques mots à l'oreille, plia la lettre et se remit à converser avec les sœurs. Elle venait d'apprendre que le cardinal de Richelieu était mort le 4 décembre. De nombreuses messes furent dites par ses ordres dans les églises de la ville pour le repos de son âme, « la chose peut-être, disait-elle, à laquelle on pensait le moins[1]. »

Cinq mois après, jour pour jour, le 4 mai 1643, Louis XIII suivait son ministre au tombeau. Ce monarque mélancolique, sévère pour lui-même comme pour les autres, semblait avoir trouvé le trône trop vaste depuis que le grand cardinal n'en occupait plus la moitié.

Vers la fin de cette même année la reine Anne d'Autriche autorisait l'impression de l'histoire du duc de Montmorency, que, nous l'avons dit, Simon du Cros avait dédiée à la duchesse; celle-ci se chargea de tous les frais, mais cet hommage à la mémoire

1. Cotolendi, p. 298.

de son époux n'était pas le seul qu'elle eût le dessein de lui rendre. Décidée à passer près de sa tombe le reste de ses jours, elle avait pensé d'abord à fonder à Toulouse un couvent de la Visitation et à s'y retirer; mais, d'après les conseils de sainte Chantal, qui craignait que la trop grande extension de son ordre n'en amenât le relâchement, elle dut renoncer à l'idée de cette fondation nouvelle. Voyant d'un autre côté que l'arrangement de ses affaires, qui marchait fort lentement, devait retarder encore longtemps son entrée en religion, elle conçut le projet de faire transporter de Toulouse à Moulins le corps de son époux. Elle en parla au P. de Lingendes, qui approuva ce dessein; mais il fallait, pour le mettre à exécution, obtenir d'abord l'autorisation de la reine, celles du prince, de la princesse de Condé et de la duchesse de Ventadour, enfin le consentement de l'archevêque de Toulouse et des chanoines de Saint-Sernin, qui, sans doute, ne se verraient pas enlever, sans une vive opposition, la noble dépouille qui leur avait été confiée. Dans son humilité, la duchesse, redoutant d'occuper encore le monde de sa personne et de sa douleur, n'osait pas entreprendre les démarches nécessaires; mais le P. de Lingendes l'y encouragea avec tant de zèle, qu'elle n'hésita plus. La reine et les parents de son époux s'empressèrent d'approuver cette pieuse entreprise, et comme il ne restait plus à surmonter que les obstacles qui pouvaient se rencontrer à Toulouse, la duchesse y envoya son fidèle écuyer, M. de Maurens, accompagné du comte de Soudeilles, un des amis les plus affectionnés de M. de Montmorency, avec un train considérable destiné à rendre tous les honneurs aux restes de l'illustre défunt, et, lorsque cela serait possible, à les ramener à Moulins.

Ces envoyés partirent donc en grands habits de deuil, au mois d'octobre 1644, mais les difficultés qu'ils trouvèrent, en arrivant

à Toulouse pour accomplir leur mission, furent telles, que l'affaire traîna en longueur
et qu'il ne fallut rien moins que l'intervention directe d'Anne d'Autriche, pour que
le chapitre de Saint-Sernin se désistât de ses
prétentions.

Le corps de Montmorency prit donc enfin
la route de Moulins, porté dans un carrosse
de deuil, et, quoique, sur l'expresse recom-
mandation de la duchesse et d'après le désir
exprimé par la reine, on eût évité toute
pompe extérieure qui pût attirer l'attention
de la foule, il reçut partout les témoignages
les plus touchants du respect des populations. Le funèbre cortège entra de nuit dans
la ville : le cercueil fut déposé au couvent
dans une chapelle ardente, au-devant de la
grille du cloître, où toutes les religieuses à
genoux tenaient un cierge à la main ; le
clergé récita les grandes vigiles des morts
et le corps fut descendu dans les caveaux de
la chapelle.

La duchesse passa le reste de la nuit en
prière et prosternée; lorsqu'elle se releva
enfin, la place qu'elle avait occupée était
littéralement détrempée de larmes!

XX

Tandis que, à l'occasion de cet événement,
Marie-Félicie répandait autour d'elle des
aumônes plus nombreuses que jamais, elle
s'occupait aussi des plans de l'église du
couvent qu'elle allait faire construire et qui
devait renfermer le magnifique mausolée de
son époux. C'est au milieu de ces travaux
qu'elle apprit, en 1647, la mort de son beau-
frère, le prince de Condé; familiarisée depuis de longues années avec toutes les douleurs d'ici-bas, on comprend facilement
qu'elle fût devenue une consolatrice inesti-
mable : aussi la princesse, qui devait suivre au tombeau son mari trois ans après,
vint-elle lui demander un soulagement pour

son chagrin et le secours de ses prières, de
l'efficacité desquelles il ne lui était pas permis de douter.

Une veuve, plus grande encore et tombée
de plus haut, une amie des premières années, allait aussi venir près d'elle épancher
le trop-plein de son cœur dans une intimité,
que la conformité de leurs infortunes devait
rendre encore plus complète : nous voulons
parler de Henriette-Marie de France, reine
d'Angleterre. Brisée de corps et d'esprit,
encore chancelante sous le coup qui l'avait
atteinte du haut de l'échafaud de Whitehall,
on l'avait envoyée en 1650 avec sa fille Henriette aux eaux de Bourbon, dont sa santé
s'était déjà bien trouvée. Avertie de sa pro-
chaine arrivée à Moulins, la duchesse l'attendait avec une impatience extrême ; cette
douleur si profonde et si semblable à la
sienne l'attirait, comme la fascination que
donne l'abîme : dès qu'elle aperçut la reine,
elle s'avança au-devant d'elle et la tint long-

temps embrassée, sans que ni l'une ni l'autre fût en état de proférer une seule parole. Nous ne pouvons résister à l'envie de reproduire le récit de cette émouvante entrevue, tel que nous le donnent les chroniques de la Visitation. « Sa Majesté entra ensuite au monastère et prolongea son entretien plus de deux heures avec la duchesse, dans la grande salle des assemblées conventuelles. Les sœurs avoient pris place silencieusement à l'angle opposé, où une légère collation se préparoit pour la reine. L'auguste voyageuse l'accepta et dit aux religieuses qui s'étoient rangées debout autour d'elle, qu'elle venoit de goûter, pendant ces trop courts instants, la plus grande satisfaction de sa vie, que ses peines s'étoient évanouies au contact du cœur de Mme de Montmorency. Puis, se levant de table, elle fit approcher la princesse sa fille de la duchesse et dit encore : « J'ai remis « cette enfant aux soins de la divine Provi- « dence, mais il faut que vous demandiez à

« Dieu avec moi de lui être favorable ; ce
« qui mettroit obstacle à mes propres priè-
« res, votre vertu le fera disparoître et nous
« conduira au terme de mes vœux. » Elle
étreignit de nouveau avec effusion la duchesse et lui réitéra sa demande avec une
grande abondance de larmes : « Je veux,
« dit-elle, que vous m'affirmiez pour tou-
« jours que vous prierez beaucoup pour moi
« et pour ma fille. » La jeune princesse
pleuroit elle-même, elle pressoit les genoux
de la duchesse et joignoit, avec grâce et
candeur, ses instances à celles de sa mère
bien-aimée. Enfin la reine se retournant
vers la communauté : « Mes sœurs, reprit-
« elle, vous possédez dans ma digne et chère
« cousine un grand trésor : conservez-le
« bien. Mme de Montmorency est une sainte,
« qui a su tirer des douleurs et des décep-
« tions du siècle la haute sagesse dont nous
« la voyons douée. » La duchesse étoit profondément attendrie et, dans une pieuse

confusion qu'elle ne pouvoit pas dissimuler, elle n'osa répondre à ces manifestations d'estime et de respect d'une grande reine. »

Henriette-Marie avait rapporté de sa visite à Mme de Montmorency une si grande admiration pour ses vertus, qu'elle en faisait part à tout le monde ; un jour que devant elle on la comparait à Arthémise : « Il y a plusieurs années, dit-elle, que ma cousine de Montmorency boit les cendres de son époux, mais détrempées dans le sang de Jésus-Christ [1]. »

La première pierre de l'église du couvent avait été posée le 21 juillet 1648 : en même temps la duchesse commandait au sculpteur François Anguier [2] les statues qui devaient orner le mausolée de Montmorency. Elle pressait les travaux de tout son pouvoir ; il lui tardait dans le pieux asile, si pauvre jusque-

1. Cotolendi p. 227.
2. Frère de Michel Anguier, sculpteur comme lui, dont les œuvres attestent le plus grand talent. François est aussi l'auteur du monument funéraire de Henri de Longueville, conservé aujourd'hui au musée du Louvre.

là, qu'elle s'était choisi, de le doter de toutes les splendeurs du culte, en conservant pour sa propre habitation et celle des religieuses la simplicité la plus humble.

Cependant, la renommée des vertus de Marie-Félicie avait pris un tel essor, qu'en dépit de la Fronde et de ses désordres, la Visitation était devenue l'un des pèlerinages les plus fréquentés par tout ce que l'Église et la cour comptaient de plus éminent. On y vit d'abord la duchesse de Nemours (Mlle de Vendôme), qui, aussitôt après la perte de son mari, tué en duel en 1652 par son beau-frère le duc de Beaufort, s'était retirée d'abord au couvent des filles de Sainte-Marie, de la rue Saint-Antoine, à Paris ; elle crut devoir amener à Mme de Montmorency ses deux filles, bien jeunes encore, et réclamer pour elles ses conseils et ses prières. On sait que l'une de ces princesses allait devenir duchesse de Savoie et l'autre reine de Portugal. Mme de Nemours fut si frappée de la piété profonde, dont chaque parole de Marie-Félicie était empreinte, qu'elle la conjura de leur donner sa bénédiction ; mais l'humilité de la duchesse s'y refusa absolument, tout en lui promettant d'adresser à Dieu de ferventes prières pour leur bonheur. A la suite de ces conversations, Mme de Nemours conçut le projet d'entrer au monastère des Visitandines d'Annecy, aussitôt après le mariage de ses filles, et elle l'eût fait sans aucun doute, si la mort ne l'eût surprise avant cette époque. Elle voulut cependant être enterrée avec l'habit de l'ordre, dans la chapelle de la Visitation de Paris.

Ce fut ensuite à la duchesse de Ventadour et à Mme de Valençay de faire le voyage de Moulins ; pleines de confiance dans l'intelligente et pieuse direction de Mme de Montmorency, elles venaient la prier de se charger de l'éducation de leurs filles. Marie-Félicie consentit à cette demande, et, par ses soins, sa nièce et l'une de ses jeunes cousines trouvèrent tant de charmes dans les préceptes et les pratiques de la religion, que ni l'une ni l'autre ne voulurent plus s'éloigner du cloître, et qu'elles y prirent le voile quelques années après.

M. Olier, l'illustre fondateur du séminaire de Saint-Sulpice, vint aussi, en 1653, rendre visite à Marie-Félicie ; il trouva sa vie encore plus édifiante que sa réputation ne le lui avait fait supposer, et ses entretiens avec elle le frappèrent tellement, qu'il ne l'appelait plus que l'*ange terrestre*.

La Fronde expirait enfin : les princes comprenaient que leurs folles entreprises avaient assez longtemps agité la France, que tout le monde en était las et que le moment était venu de traiter au mieux de leurs intérêts. Anne d'Autriche et son fils, de leur côté, ne cherchaient plus que le moyen de pardonner à la duchesse de Longueville, l'héroïne de cette fantastique épopée ; il lui avait été enjoint de quitter Bordeaux pour aller à Nevers attendre les ordres du roi, mais elle parvint à obtenir la faveur de passer ce temps d'épreuve près de sa tante, au couvent de Moulins.

Marie-Félicie vint au-devant de la belle visiteuse jusqu'à la porte du cloître et l'embrassa tendrement ; Mme de Longueville, séparée d'elle depuis si longtemps, fut singulièrement touchée de cet accueil affectueux et lui dit : « Vous ne serez pas surprise, ma tante, si je viens chercher dans votre cœur et dans vos conseils les adoucissements et les forces dont mes cruelles infortunes me font sentir le besoin. A votre seule vue déjà, les impressions d'un calme délicieux me sont données. Vos prières et celles de vos religieuses achèveront de me consoler [1]. »

Nous savons tout ce qu'il y avait de grâce dans l'esprit et dans la personne de Mme de Longueville ; elle avait l'art de con-

1. Mgr Fliche, t. II, p. 161.

quérir tous les cœurs, et sa tante fut d'autant plus heureuse de l'avoir à ses côtés,
qu'elle sentait germer dans cette âme, déjà
revenue de tant de décevantes illusions, ces
sentiments de piété qui devaient se développer plus tard à un si haut degré. L'extrême
humilité de Mme de Montmorency qui, avec
une abnégation absolue, se prêtait aux plus
vils travaux du monastère, faisait faire à sa
nièce un profond retour sur elle-même et
sur les vanités turbulentes, qui avaient joué
un si grand rôle dans sa vie.

Marie-Félicie avait l'habitude de s'occuper, dans les assemblées ordinaires de la
maison, à découdre dans de vieilles toiles
les parties qui pouvaient encore servir. Frappée de cette ingrate besogne, Mme de Longueville la plaisantait un jour en riant, à
la récréation des sœurs : « Il semble, ma
tante, lui disait-elle, que vous ne ménage-
riez pas avec plus de soin un tissu de drap
d'or. » S'adressant alors aux religieuses :

« N'admirez-vous pas, mes sœurs, continua-
t-elle, ce modèle de patience, de sainte pauvreté et de simplicité? Je voudrais que tout
Paris lui vît faire ce que je vois en ce moment. »

Pendant les·dix mois qu'elle passa au
monastère de Moulins, Mme de Longueville
commença à étudier bien des questions qui
s'étaient déjà présentées à son esprit inquiet.
Un jour tomba sous sa main un manuscrit
de Marie-Félicie, relié en un volume in-
quarto, qui contenait l'abrégé d'un livre de
méditations à l'usage de la communauté ;
elle trouva un tel plaisir à cette lecture,
qu'elle copia de sa propre main le volume
tout entier. Elle s'était d'ailleurs astreinte à
la plupart des exercices de la pieuse maison
et, pendant le temps qu'elle y passa, elle
n'en franchit que deux fois la porte. La
Visitation de Moulins était devenue pour elle
la première étape sur le chemin de Port-
Royal.

Mme de Longueville était encore au monastère, lorsque Marie-Félicie reçut les caisses qui renfermaient les figures en marbre, au nombre de vingt, destinées au tombeau de son mari ; ces statues répondaient en général à ses intentions, et sa nièce ne se lassait pas d'admirer la noblesse et la grandeur de cette œuvre d'art. Mme de Montmorency se plaignait seulement que, malgré sa défense, l'artiste eût donné ses traits à la statue de la douleur ; sa modestie, qui ne supportait pas qu'on la mît en scène, lui fit aussitôt donner l'ordre de la briser; il fallut l'intervention pressante de Mme de Longueville, pour empêcher cette destruction.

Lorsque le monument, qui s'encadrait au milieu de l'architecture de l'église, eut été érigé dans son ensemble, ce fut un cri général d'admiration. Quoiqu'on pût lui reprocher une certaine lourdeur, l'aspect en était noble et imposant, l'expression des statues particulièrement saisissante. La figure si fière de Montmorency, à demi couchée sur la table du tombeau, attirait tous les regards ; c'était bien l'attitude du héros qui se repose après le triomphe. Sur la base du monument se lisait une inscription latine dont la duchesse avait dicté les paroles, et dont voici la traduction :

« L'an 1652 et le vingtième de son deuil, Marie-Félicie des Ursins, de race romaine, a élevé ce mausolée à la mémoire de son digne époux, Henri II de Montmorency, le dernier et le plus illustre des ducs de ce nom, pair, amiral et maréchal de France, la terreur des ennemis, les délices des Français, mari incomparable dont elle n'eut jamais à déplorer que la mort. Après dix-huit ans du mariage le plus heureux, après avoir joui de richesses immenses et possédé sans partage le cœur de son époux, il ne lui reste aujourd'hui que sa cendre [1] ! »

1. Le monument et son inscription se voient encore

Peu de temps après l'inauguration du monument, Mme de Longueville reprenait le chemin de Paris ; les obstacles qui lui avaient interdit le séjour de cette ville s'étaient aplanis. Mme de Montmorency se sépara avec un vif regret de cette parente, dont l'esprit et la grâce avaient ce don singulier de fascination, qui a défié le temps et se fait sentir encore après plus de deux siècles. Ces deux nobles femmes se promirent de continuer par lettres ces entretiens où elles se plaisaient tant, et, malgré les agitations de la cour, Mme de Longueville ne manqua pas à sa parole. Elle exposait à sa tante les états successifs de son âme et faisait appel à ses conseils ; lorsque

dans la chapelle du lycée de Moulins, qui occupe aujourd'hui les bâtiments du monastère de la Visitation. Les guides, qui accompagnent les étrangers et la notice qu'on trouve sur place, attribuent ce magnifique ouvrage au ciseau de Nicolas Coustou ; c'est là une erreur d'autant plus positive que ce grand sculpteur est né à Lyon, seulement en 1658. Nous avons dit que l'auteur était réellement François Anguier.

Marie-Félicie l'encourageait et la félicitait des progrès déjà obtenus : « Vous me croyez telle que vous me souhaitez, répondait modestement sa nièce, mais plaignez-moi plutôt de ce que je résiste encore à Dieu et de ce que je ne suis pas ce que je devrois être. Je me regarde comme l'aveugle de l'Évangile que Jésus-Christ guérit avec de la boue ; mes yeux ne sont pas propres à regarder si tôt le ciel et je les dois encore employer à regarder le fond de la terre, d'où la grâce m'a retirée. » Elle lui écrivait encore : « Le monde ne me semble plus rien, je n'y trouve que vide et vanité. Je sens le besoin de m'en détacher sans réserve ; je dois, je n'en doute pas, cette disposition à vos prières, à vos conseils. Mais j'envie le bonheur qu'aura la princesse de Conti de vous voir... Aimez-moi bien, et continuez de prier pour moi ![1] »

1. Mgr Fliche, t. II, p. 176.

XXI

La reine Christine de Suède. — Noviciat de Mme de
Montmorency. — Louis XIV, Anne d'Autriche et
Mlle de Montpensier à Moulins.

Les travaux de l'église de la Visitation
étaient enfin terminés. La reine Anne d'Autriche avait voulu contribuer à l'enrichir, en
partageant pour cela avec la fondatrice un
don de 50 000 livres, que le roi lui avait fait.
D'un autre côté, le duc de Bracciano et surtout le cardinal Orsini, frère et neveu de la
duchesse, lui avaient envoyé de précieux
cadeaux ; c'étaient des reliques renfermées
dans six châsses étincelantes de pierreries
et de plus un tableau pour le maître-autel,
dont le sujet était la présentation de la
Vierge au temple, et les principales figures,
des portraits de toute leur famille. On était
en 1655 : Marie-Félicie fit placer le corps

de son mari sous le mausolée, et l'église fut bénie, en attendant qu'elle pût être plus tard solennellement consacrée.

« Que j'ai de joie, disait alors Mme de Montmorency, d'avoir pu loger sous le même toit mon Dieu et l'époux qu'il m'avoit donné ! »

En même temps, la duchesse sollicitait avec ardeur auprès du pape Alexandre VII la béatification de François de Sales. Ses correspondances assidues avec la mère Françoise-Madeleine de Chaugy, supérieure du couvent d'Annecy, avec le cardinal son neveu, avec le Pape lui-même et les évêques français qui s'étaient rendus à Rome pour le même sujet, amenèrent les plus heureux résultats. Elle put espérer enfin la réussite de la pieuse tâche qu'elle s'était imposée ; espérance qui se réalisa en effet dix ans plus tard.

Marie-Félicie avait manifesté l'intention de prendre le voile et de commencer son noviciat au moment de la bénédiction de l'église ; mais le règlement de ses affaires temporelles n'était pas encore arrivé à sa fin et le P. de Lingendes, suivant en cela les avis donnés par sainte Chantal, se refusa encore à ce désir ; il voulut même qu'avant de prendre un aussi grand parti, la duchesse eût acquitté rigoureusement les frais des travaux qu'elle venait de faire exécuter ; il fallait que rien ne pût venir la troubler dans son nouvel état. Quelques soins que prit Mme de Montmorency pour presser ses hommes d'affaires, deux ans s'écoulèrent encore avant que tout fût terminé, deux ans qui lui parurent un siècle de purgatoire. Elle put alors disposer de tous ses biens en faveur de ses parents, sans rien conserver pour elle-même. On convint donc que l'habit de novice lui serait donné dans l'année 1657.

Elle était dans l'attente de ce grand événement, lorsqu'on lui apprit tout à coup que la reine Christine de Suède, quittant Paris

pour retourner à Rome, après un séjour de
quelques mois en France, si tristement mar-
qué par le sang de Monaldeschi, se disposait
à s'écarter de sa route pour lui faire une visite
à Moulins. L'esprit de cette reine, mélange
bizarre d'obscurité et de lumière, avait été
frappé des merveilles de constance et d'humilité qu'on racontait sur Mme de Montmorency, et elle tenait à reconnaître de près
ces vertus, qui lui étaient si parfaitement
étrangères ; elles les considérait sans doute
comme une des curiosités de son voyage.
Marie-Félicie la reçut à l'entrée du couvent
et la conduisit à l'intérieur du cloître, où
elle eut avec elle une conversation de deux
heures ; Christine exigea qu'elle lui fît le
récit complet de ses malheurs. Mme de Montmorency se rendit à ce désir avec tant de
simplicité, on sentait si bien que c'était son
cœur qui parlait, que la curiosité de la reine
se changea bientôt en une véritable émotion. Les larmes lui vinrent aux yeux, et à

plusieurs reprises elle interrompit la duchesse en l'embrassant. Au moment de s'éloigner : « Je n'oublierai jamais, lui dit-elle, les moments que je viens de passer auprès de vous. »

En quittant le monastère, la reine dit aux religieuses : « Mes sœurs, je n'avois jamais vu joindre au point que fait Mme de Montmorency l'éclat des vertus morales avec l'anéantissement de l'Évangile ; je crois que je pourrai bien annoncer à Rome qu'il m'a été donné de voir l'une des plus belles et des plus saintes reliques de ce grand pays de France. » L'imagination de la fille de Gustave-Adolphe avait été si vivement impressionnée de ce qu'elle venait d'entendre, qu'elle voulut rester jusqu'au lendemain et revoir Marie-Félicie. Dans cette nouvelle entrevue, Christine, en lui demandant son amitié, l'assura de la sienne, se recommanda à ses prières et lui fit promettre de lui écrire à Rome. Elle retourna ensuite dans l'église pour en examiner en détail tous les ornements, et après s'être arrêtée quelque temps devant le mausolée : « Je n'ai plus rien à voir à Moulins, dit-elle à la duchesse, après avoir admiré ces monuments de votre piété immortelle [1]. »

La physionomie énigmatique de cette reine fantasque, qui, en abandonnant tout, n'avait renoncé à rien, étonna Mme de Montmorency plus qu'elle ne la séduisit ; malgré les témoignages d'amitié que Christine lui avait donnés, sa visite lui laissa un sentiment indéfinissable, qui, sans être de la répulsion, n'était pas non plus de la sympathie. Aussi, pour décider Marie-Félicie à entrer en correspondance avec la reine de Suède, ne fallut-il rien moins que l'intervention répétée du P. Orsini et du cardinal son neveu, que cette princesse avait gagnés à sa cause. Elle consentit donc à lui écrire une lettre qui se terminait ainsi : « J'assure Vo-

1. Mgr Fliche, t. II, p. 200.

tre Majesté que notre communauté s'occupe avec bonheur à remercier Dieu des grâces dont il vous a favorisée, et elle lui demande instamment que les commencements d'une si belle vie soient suivis d'un grand nombre d'actions saintes, qui rendent Votre Majesté aussi grande dans le ciel qu'elle l'est sur la terre [1] ».

Mme de Montmorency ne pensait plus d'ailleurs qu'aux moyens de rompre ses dernières attaches avec le monde ; le moment approchait où elle allait prendre le voile et commencer son noviciat ; elle voulait être tout entière à ce grand acte tant désiré. Les épreuves que les statuts de l'ordre allaient lui imposer n'étaient plus à ses yeux que des fleurs jetées sur le chemin, qui devait la conduire au jour rayonnant de sa profession. Le 30 septembre 1657, à six heures du matin, elle recevait le voile des mains du grand prévôt de l'église d'Autun,

1. Mgr Fliche, t. II, p. 203.

en présence du P. de Lingendes et d'un petit nombre d'assistants.

Pendant l'année de probation, sa ferveur redoubla et elle était comme affamée de pénitence ; retirée dans sa cellule pendant les grands froids de l'hiver, elle refusait, malgré la délicatesse de sa santé, de laisser allumer un peu de feu ou couvrir son lit d'une étoffe plus chaude. Lorsqu'on la priait de donner son avis sur les intérêts du monastère : « Si je n'étais pas novice, à la bonne heure, disait-elle, mais aujourd'hui ce serait établir un fâcheux précédent, presque un scandale. »

Inutile d'ajouter qu'elle ne s'épargnait aucun des exercices spirituels, qui devaient la préparer à la profession ; pour obtenir qu'elle se ménageât un peu, il fallait des ordres formels de la supérieure et du P. de Lingendes ; elle sacrifiait alors l'austérité à l'obéissance. Son année se passa ainsi, et elle se trouva prête pour le grand acte qu'elle appelait depuis si longtemps de tous ses vœux.

Le dimanche, 6 octobre 1658, une foule compacte remplissait l'église du monastère ; les duchesses de Ventadour et de Chastillon se tenaient dans le chœur, profondément émues et pouvant à peine retenir leurs larmes. Mgr d'Attichy, évêque d'Autun, présidait la cérémonie ; le P. de Lingendes occupait la chaire et prononça un discours, où il fit ressortir la grandeur des vertus et la valeur des sacrifices que s'était imposés la nouvelle religieuse. L'auditoire tout entier s'unissait de cœur avec lui. Le drap mortuaire qui couvrit la duchesse au moment de la *prostration* était le même qui avait servi au transport des restes de son époux de Toulouse à Moulins. La sœur de Montmorency avait pris pour noms de religion ceux de Marie-Henriette.

Nous avons déjà eu l'occasion de constater l'impression produite à la cour par la conduite et les vertus de la duchesse ; aussi ne serons-nous pas surpris de voir, au commencement de l'année suivante, tout le monastère en émoi à l'annonce d'une visite royale. Louis XIV, se rendant à Lyon avec la reine mère, son frère le duc d'Orléans, Mlle de Montpensier et une suite nombreuse, avait voulu s'arrêter à Moulins et juger par ses yeux celle dont l'éloge était dans toutes les bouches. Il se fit ouvrir les portes du couvent, et, après avoir entendu la messe dans le chœur même des religieuses, il pria la supérieure de le conduire à la cellule de Mme de Montmorency. Frappé de la simplicité, de la pauvreté même qui y régnait, il se retourna vers les personnes de sa suite : « Messieurs, leur dit-il, voici un grand exemple du mépris du monde ; nous trouvons tous ici de quoi nous instruire. » Pendant ce temps-là, Monsieur, après avoir mesuré avec sa canne les dimensions de la cellule, s'écriait : « Est-il possible que dix pieds d'espace composent maintenant toute l'habitation de la princesse des Ursins, de la duchesse de Montmorency? [1] »

Le roi apercevant ensuite la sœur Marie-Henriette, que la supérieure avait appelée : « Madame, lui dit-il, vous n'auriez pas cru voir un jour ces trop nombreux visiteurs avec moi dans cet étroit réduit ; mais je suis persuadé qu'il n'y en aura aucun, qui, comme moi, ne s'applaudisse d'y être entré, parce que nous tirerons les uns et les autres grand profit de cette visite, pour notre conduite au milieu du monde. » Et il la salua avec la plus profonde vénération.

L'entretien avec Anne d'Autriche fut d'une nature plus intime. On sait l'attachement qui unissait depuis bien des années cette princesse à Mme de Montmorency ; la reine ne retrouvait-elle pas aussi dans un repli de son cœur le souvenir de ce héros, qui autrefois s'était dévoué si ardemment à son service?

1. Mgr Fliche, t. II, p. 245.

L'humble visitandine voulait s'asseoir sur le plancher devant elle, mais sa royale amie la releva, et lui montrant un siège à côté du sien : « Il semble, lui dit-elle, que vous ne vous soyez jamais assise devant moi, comme une parente et une amie, sans étiquette ! »

Depuis ses nombreuses maladies, Mme de Montmorency était restée sujette à une oppression fréquente qui lui rendait la respiration difficile, et, en présence de la reine, ce mal la reprit avec tant de violence, qu'elle resta assez longtemps sans pouvoir retrouver la parole. Frappée de cet état de souffrance, Anne d'Autriche exigea d'elle qu'elle se soumît à une consultation de médecins, qui prescrivirent encore les eaux de Bourbon ; mais elle supplia la reine de ne pas insister sur l'exécution de cette ordonnance, contraire à la règle de l'ordre : « Vous nous apprenez bien, s'écria la reine, ce que Dieu demande de nous, par le mépris que vous faites de votre personne ! »

Anne d'Autriche se retira alors, mais en annonçant à Mme de Montmorency qu'elle reviendrait la voir le lendemain avant son départ.

Mlle de Montpensier vint à son tour, un peu plus tard, lui faire sa visite. « J'allai la voir après le dîner, nous raconte-t-elle, et je lui dis que j'avois hésité à le faire, parce que j'appréhendois de l'affliger, lorsqu'elle me verroit et se souviendroit que mon père avoit été, en partie, cause de la mort de son mari. Elle me remercia et me dit : « J'ai vu Monsieur, votre père ; il m'a témoigné tant de bonté, que je prie Dieu sans cesse pour lui. » Elle me parla fort de feu M. de Montmorency, avec une tendresse qui n'est pas concevable, et me dit que même elle en avoit du scrupule [1]. »

Le lendemain matin, Anne d'Autriche fut exacte au rendez-vous, et, après avoir témoigné à la sœur Marie-Henriette, de la

1. Mlle de Montpensier, *Mémoires*, t. IV, p. 130.

manière, la plus gracieuse, le bonheur qu'elle aurait à lui donner en toute occasion des preuves de son amitié, elle lui fit les plus tendres adieux, en ajoutant : « Je n'ai pas besoin de vous demander de prier pour le roi mon fils ; vous lui êtes assez proche parente pour vous intéresser à tout ce qui le touche [1]. »

Mme de Montmorency avait été très sensible à ces témoignages d'attachement, mais tout ce fracas de la cour n'était plus fait pour elle, et dès qu'il se fut perdu dans l'éloignement, elle se replongea avec plus de joie que jamais dans ce qu'elle appelait les délices du cloître. La vivacité de sa foi, non moins que son excessive douceur, firent bientôt d'elle l'exemple du monastère tout entier ; les souvenirs du passé s'étaient dépouillés de toute leur amertume, et la sérénité du ciel allait se refléter sur le reste de sa vie. Une religieuse l'avait

1. Cotolendi, p. 276.

priée de lui raconter l'une des plus belles actions de M. de Montmorency : « Ma chère enfant, lui répondit la sœur Marie-Henriette, je dois maintenant oublier tout le passé, pour ne plus parler que du divin Époux. » Elle allait jusqu'à dire que, si, en échange de sa solitude religieuse et de la paix qu'elle possédait enfin, on lui proposait de revenir aux jours brillants de sa vie conjugale et de ses joies terrestres, elle n'y consentirait pas [1].

1. Nous trouvons dans *le Récit d'une sœur* le même sentiment exprimé par une autre admirable veuve.

XXII

Dans ces conditions, est-il surprenant
que, dès l'année 1662, la pensée fût venue
aux filles de Sainte-Marie de faire de
Mme de Montmorency la supérieure de la
communauté? Elles sentaient avec raison
que leur confiance ne pouvait être placée
en de meilleures mains, et qu'en la choisis-
sant au moment de l'élection, elles y trou-
veraient honneur et profit pour les intérêts
religieux de leur maison; mais une pareille
responsabilité était faite pour effrayer la
modestie de la sœur Marie-Henriette, et
prétextant de ce qu'il lui manquait encore
six mois sur le temps de profession, nécessaire pour devenir supérieure, elle refusa

péremptoirement d'accepter cette lourde
charge. Une autre fut élue pour cette fois :
mais, à l'expiration du temps de son exercice, Mme de Montmorency fut nommée à sa
place à l'unanimité des voix. Cet heureux
événement fut salué avec enthousiasme par
la communauté et la ville tout entière, qui
vénérait la nouvelle supérieure comme la
sainte protectrice du pays ; elle seule se
plaignait du poids écrasant qui lui était imposé.

Nous connaissons trop bien la noble veuve
pour qu'il soit besoin de dire avec quel tact
de grande dame, quelle prudence et quelle
fermeté tempérées par la douceur, elle gou-
verna le monastère qui s'était mis avec tant
de joie sous sa direction. On ne résistait
pas plus à l'onction de sa parole qu'aux
exemples de sainteté et d'abnégation personnelle, qui marquaient tous les jours de
sa vie ; aussi jamais le couvent ne fut-il
plus édifiant ni plus prospère qu'à cette épo-

que. Elle avait pris pour guide saint François de Sales, sachant bien qu'en se conformant exactement à ses préceptes, elle ne courait jamais le risque de s'égarer; pour tout le reste, elle s'abandonnait entièrement à la volonté de Dieu. « Vous savez, disait-elle à une jeune religieuse, que je ne suis point *spirituelle* ni favorisée des divines délices. Pendant mon oraison, je fais mon plaisir d'être en l'état où Dieu me veut, et ne souhaite rien au delà de ce qu'il me donne[1]. »

D'une austérité pour elle-même qui touchait à l'ascétisme, elle savait encore sourire, et ne reprochait pas la gaieté, lorsqu'elle y voyait un moyen de relever une âme abattue : « Il ne faut pas faire cette honte à Jésus-Christ, remarquait-elle alors, que de perdre la joie à son service[2]. » Elle disait d'ailleurs que les scrupules étaient

1. L'abbé Garraud, *Vie de Mme de Montmorency*, t. II, p. 168.
2. A. Renée, p. 257.

une ténébreuse adresse du démon, pour éloigner les cœurs fidèles de la vertu.

Tandis que, sans écouter les infirmités de son corps, la sœur de Montmorency s'appliquait avec un zèle infatigable au bien de son monastère, elle vit arriver à Moulins son neveu, le cardinal Orsini, que le pape envoyait à la cour de France. Cette fois il ne fit pour ainsi dire que passer, mais il promit à sa tante un plus long séjour, après l'accomplissement de sa mission. Il était en effet de retour avant les fêtes de Pâques 1666, et juste à temps pour donner le voile à Mlles de Ventadour et de Valençay. La mère de Montmorency avait éprouvé la vocation de ses jeunes parentes avec la prudence et le sage discernement qu'elle apportait toujours dans l'exercice de ses délicates fonctions, et c'est avec une entière confiance dans le présent et dans l'avenir, qu'elle les présenta pour la vêture devant le cardinal.

La cérémonie, rehaussée par la présence d'un prince de l'Église, eut un éclat inaccoutumé, et la mère Marie-Henriette, qui sentait ses forces diminuer chaque jour et qui ne doutait pas que son temps d'épreuves sur cette terre ne fût abrégé, se réjouit d'avoir pu donner au monastère ces nouvelles et précieuses recrues; une sorte d'intuition lui disait qu'elles devaient être les seules, pendant sa supériorité.

Aussitôt après le départ du cardinal, Mme de Montmorency se livra avec une ardeur extrême aux préparatifs de la première fête de saint François de Sales, qui, après avoir été jugé digne, en 1661, par le pape Alexandre VII, de la béatification, venait d'être canonisé par lui en 1666. Rien ne fut négligé pour donner à cette solennité toute la grandeur et la magnificence désirables. Dans cette église élevée avec tant d'amour et qui renfermait ses plus chers souvenirs, tout contribua à réjouir le cœur de la supérieure:

la pompe des offices, la richesse des ornements, l'harmonie des orgues, les panégyri-
ques du saint prononcés du haut de la chaire,
le concours de la noblesse et des peuples
de la contrée, étaient bien l'hommage qu'elle
avait rêvé pour celui qu'elle appelait son
saint de prédilection. Avons-nous besoin d'a-
jouter que les pauvres purent se rappeler
ce grand jour avec reconnaissance ?

Mais les fatigues que s'était imposées
dans cette occasion Mme de Montmorency
avaient usé le reste de ses forces physiques ;
les prières prolongées, l'absence de sommeil, des douleurs névralgiques presque
continuelles, son asthme persistant, tous ces
maux, qu'elle dissimulait de son mieux,
finirent par vaincre son courage ; elle sentait que la vie se retirait d'elle. N'avait-elle
pas prédit que la fin de sa première année
de supériorité serait aussi celle de son
existence?

Les cierges de la fête venaient de s'éteindre, quand ses souffrances et sa faiblesse augmentèrent dans de telles proportions, que, le jour de l'Octave, elle put à peine adresser à ses filles une courte exhortation pour leur recommander de ne s'écarter jamais des préceptes de leur saint fondateur, et de persévérer dans la stricte observance de leurs pieux exercices. Elle comprenait que, pour elle, sa dernière prière allait bientôt s'exhaler vers le ciel : « Ma mère, lui disait une des religieuses, en la voyant s'acheminer péniblement vers le chœur, ma mère, vous vous réjouissez en voyant Notre-Seigneur monter au ciel ; vous voudriez y monter avec lui. — Ah ! répondit Marie-Henriette, j'ai l'espérance qu'il en sera bientôt comme vous dites. »

Il n'y avait plus d'illusions à se faire sur la gravité de son état, et bientôt l'anxiété de ses filles fut à son comble. Le 30 mai, elles la forcèrent à se faire soigner ; elle dut garder la chambre et le lit. Les médecins, tout en lui prodiguant leurs soins, ne dissimulaient pas que la mort était proche ; dans le corps presque inerte de la malade l'esprit seul survivait. La communauté, dont on n'entendait plus que les sanglots, restait en prières ; le saint-sacrement était exposé. Mme de Montmorency ayant demandé le saint viatique, un autel fut dressé près de son lit ; quand elle l'eut reçu, elle se fit apporter le cœur de sainte Chantal, qu'elle serra en silence contre sa poitrine et qu'elle rendit ensuite à la sœur assistante. Mlles de Ventadour et de Valençay pleuraient auprès d'elle ; elle put encore leur adresser quelques paroles d'exhortation. Son état était arrivé au plus mal, lorsque, entendant sonner l'*Angelus*, elle demanda qu'on la mît à genoux sur son lit, et eut la force de prononcer ces dernières paroles : « Il faut se faire un plaisir de s'acquitter de son devoir jusqu'au bout. » Elle reçut ensuite l'extrême-onction, et cette âme si pure et si tendre s'envola vers Dieu :

c'était alors le 5 juin 1666, la neuvième année de sa profession religieuse.

La cérémonie des funérailles fut célébrée au milieu d'une affluence sans exemple jusque-là : la ville et toute la contrée étaient en deuil et plus d'une fois les sanglots de la foule interrompirent l'oraison funèbre, prononcée par le P. du Douet, jésuite. Le corps, mis dans un cercueil de plomb recouvert de bois, fut déposé sur une table de pierre dans le caveau des religieuses, sous le chœur, où il resta jusqu'en 1793. Le cœur fut conservé au monastère à côté de celui de sainte Chantal et on peut le voir encore à la Visitation de Nevers : il est intact et dans toute la pureté de sa forme, mais le volume en est si considérable, que, après plus de deux siècles, il semble que les larmes de la noble veuve ne soient pas épuisées et que son cœur en reste encore gonflé.

La mémoire des hommes aime les contrastes violents; elle se plaît aux passions orageuses, aux réparations éclatantes : le parfum pénétrant qui s'exhale encore de la Sainte-Baume, l'attrait qui s'attache à la vie de saint Augustin, à celles de Mlle de la Vallière, de Mme de Longueville et de tant d'autres, rachetées par le repentir, sont ceux qui nous vont le plus directement à l'âme. Il faut de l'ombre, paraît-il, pour donner à la vertu tout son relief. Quant à Mme de Montmorency, son existence entière a été en Dieu et en son époux ; lorsque son bonheur terrestre eut sombré dans la plus effroyable des catastrophes, elle leva les yeux vers le ciel et ne les rabaissa plus jamais.

Cette âme d'élite, faite de tous les dévouements et de toutes les abnégations, a traversé le monde sans y souiller de la moindre atteinte la blancheur de ses ailes; faut-il donc s'étonner du silence qui s'est fait autour de son nom jusqu'à ces derniers temps? C'est la perfection même de sa vertu qui l'a exposée à l'oubli de la postérité. Comme le bonheur sans mélange la vertu sans tache n'avait pas sa place dans l'histoire ; puisse-t-elle la trouver enfin pour l'honneur de son siècle et du nôtre !

FIN

TABLE DES MATIÈRES

SCEAUX. — IMPRIMERIE CHARAIRE ET FILS.

www.ingramcontent.com/pod-product-compliance
Lightning Source LLC
Chambersburg PA
CBHW051518050726
47595CB00002B/376